DEENS

WOORDENSCHAT

THEMATISCHE WOORDENLIJST

NEDERLANDS
DEENS

De meest bruikbare woorden
Om uw woordenschat uit te breiden en
uw taalvaardigheid aan te scherpen

3000 woorden

Thematische woordenschat Nederlands-Deens - 3000 woorden

Door Andrey Taranov

Woordenlijsten van T&P Books zijn bedoeld om u woorden van een vreemde taal te helpen leren, onthouden, en bestudering. Dit woordenboek is ingedeeld in thema's en behandelt alle belangrijk terreinen van het dagelijkse leven, bedrijven, wetenschap, cultuur, etc.

Het proces van het leren van woorden met behulp van de op thema's gebaseerde aanpak van T&P Books biedt u de volgende voordelen:

- Correct gegroepeerde informatie is bepalend voor succes bij opeenvolgende stadia van het leren van woorden
- De beschikbaarheid van woorden die van dezelfde stam zijn maakt het mogelijk om woordgroepen te onthouden (in plaats van losse woorden)
- Kleine groepen van woorden faciliteren het proces van het aanmaken van associatieve verbindingen, die nodig zijn bij het consolideren van de woordenschat
- Het niveau van talenkennis kan worden ingeschat door het aantal geleerde woorden

Copyright © 2016 T&P Books Publishing

Alle rechten voorbehouden. Niets uit deze uitgave mag worden verveelvoudigd, opgeslagen in een geautomatiseerd gegevensbestand en/of openbaar gemaakt in enige vorm of op enige wijze, hetzij elektronisch, mechanisch, door fotokopieën, opnamen of op enige andere manier zonder voorafgaande schriftelijke toestemming van de uitgever. U mag dit boek niet verspreiden in welk formaat dan ook.

T&P Books Publishing
www.tpbooks.com

ISBN: 978-1-78492-377-8

Dit boek is ook beschikbaar in e-boek formaat.
Gelieve www.tpbooks.com te bezoeken of de belangrijkste online boekwinkels.

UITSPRAAKGIDS

Letter	Deens voorbeeld	T&P fonetisch alfabet	Nederlands voorbeeld
Aa	Afrika, kompas	[æ], [ɑ], [ɑː]	acht, maart
Bb	barberblad	[b]	hebben
Cc	cafe, creme	[k]	kennen, kleur
Cc [1]	koncert	[s]	spreken, kosten
Dd	direktør	[d]	Dank u, honderd
Dd [2]	facade	[ð]	Stemhebbende dentaal, Engels - there
Ee	belgier	[e], [ə]	zeven, zesde
Ee [3]	elevator	[ɛ]	elf, zwembad
Ff	familie	[f]	feestdag, informeren
Gg	mango	[g]	goal, tango
Hh	høne, knurhår	[h]	het, herhalen
Ii	kolibri	[i], [iː]	bidden, lila
Jj	legetøj	[j]	New York, januari
Kk	leksikon	[k]	kennen, kleur
Ll	leopard	[l]	delen, luchter
Mm	marmor	[m]	morgen, etmaal
Nn	natur, navn	[n]	nemen, zonder
ng	omfang	[ŋ]	optelling, jongeman
nk	punktum	[ŋ]	optelling, jongeman
Oo	fortov	[o], [ɔ]	overeenkomst, bot
Pp	planteolie	[p]	parallel, koper
Qq	sequoia	[k]	kennen, kleur
Rr	seriøs	[ʁ]	gutturale R
Ss	selskab	[s]	spreken, kosten
Tt	strøm, trappe	[t]	tomaat, taart
Uu	blæksprutte	[uː]	fuut, uur
Vv	børnehave	[ʊ]	als in Noord-Nederlands - water
Ww	whisky	[w]	twee, willen
Xx	Luxembourg	[ks]	links, maximaal
Yy	lykke	[y], [ø]	neus, beu
Zz	Venezuela	[s]	spreken, kosten
Ææ	ærter	[ɛ], [ɛː]	zwemmen, existeren
Øø	grønsager	[ø], [œ]	neus, beu
Åå	åbent, afgå	[ɔ], [ɔː]	zachte [o] als in bord

Opmerkingen

[1] voor **e, i**
[2] na een beklemtoonde klinker
[3] aan het begin van woorden

AFKORTINGEN
gebruikt in de woordenschat

Nederlandse afkortingen

abn	-	als bijvoeglijk naamwoord
bijv.	-	bijvoorbeeld
bn	-	bijvoeglijk naamwoord
bw	-	bijwoord
enk.	-	enkelvoud
enz.	-	enzovoort
form.	-	formele taal
inform.	-	informele taal
mann.	-	mannelijk
mil.	-	militair
mv.	-	meervoud
on.ww.	-	onovergankelijk werkwoord
ontelb.	-	ontelbaar
ov.	-	over
ov.ww.	-	overgankelijk werkwoord
telb.	-	telbaar
vn	-	voornaamwoord
vrouw.	-	vrouwelijk
vw	-	voegwoord
vz	-	voorzetsel
wisk.	-	wiskunde
ww	-	werkwoord

Nederlandse artikelen

de	-	gemeenschappelijk geslacht
de/het	-	gemeenschappelijk geslacht, onzijdig
het	-	onzijdig

Deense afkortingen

f	-	gemeenschappelijk geslacht
f pl	-	gemeenschappelijke geslacht meervoud
i	-	onzijdig
i pl	-	onzijdig meervoud
i, f	-	gemeenschappelijk geslacht, onzijdig

ngn.   -   iemand
pl   -   meervoud

BASISBEGRIPPEN

1. Voornaamwoorden

| ik | jeg | ['jɑj] |
| jij, je | du | [du] |

hij	han	['han]
zij, ze	hun	['hun]
het	den, det	['dən], [de]

wij, we	vi	['vi]
jullie	I	[i]
zij, ze	de	['di]

2. Begroetingen. Begroetingen

Hallo! Dag!	Hej!	['hɑj]
Hallo!	Hallo! Goddag!	[ha'lo], [go'dæ']
Goedemorgen!	Godmorgen!	[go'mɒ:ɒn]
Goedemiddag!	Goddag!	[go'dæ']
Goedenavond!	Godaften!	[go'aftən]

gedag zeggen (groeten)	at hilse	[ʌ 'hilsə]
Hoi!	Hej!	['hɑj]
groeten (het)	hilsen (f)	['hilsən]
verwelkomen (ww)	at hilse	[ʌ 'hilsə]
Hoe gaat het met u?	Hvordan har De det?	[vɒ'dan ha di de]
Hoe is het?	Hvordan går det?	[vɒ'dan gɒ: de]
Is er nog nieuws?	Hvad nyt?	['vað 'nyt]

Tot ziens! (form.)	Farvel!	[fa'vɛl]
Doei!	Hej hej!	['hɑj 'hɑj]
Tot snel! Tot ziens!	Hej så længe!	['hɑj sʌ 'lɛŋə]
Vaarwel!	Farvel!	[fa'vɛl]
afscheid nemen (ww)	at sige farvel	[ʌ 'si: fa'vɛl]
Tot kijk!	Hej hej!	['hɑj 'hɑj]

Dank u!	Tak!	['tɑk]
Dank u wel!	Mange tak!	['mɑŋə 'tɑk]
Graag gedaan	Velbekomme	['vɛlbə'kʌm'ə]
Geen dank!	Det var så lidt!	[de vɒ' sʌ let]
Geen moeite.	Det var så lidt!	[de vɒ' sʌ let]

Excuseer me, ... (inform.)	Undskyld, ...	['ɔn‚skyl', ...]
Excuseer me, ... (form.)	Undskyld mig, ...	['ɔn‚skyl' mɑj, ...]
excuseren (verontschuldigen)	at undskylde	[ʌ 'ɔn‚skyl'ə]
zich verontschuldigen	at undskylde sig	[ʌ 'ɔn‚skyl'ə sɑj]

12

Mijn excuses.	Om forladelse	[ʌm fʌ'læˀðəlsə]
Het spijt me!	Undskyld mig!	['ɔn,skylˀ mɑj]
vergeven (ww)	at tilgive	[ʌ 'tel,giˀ]
Maakt niet uit!	Det gør ikke noget	[de 'gæg̊ 'ekə 'nɔ:əð]
alsjeblieft	værsgo	['væg̊'sgoˀ]

Vergeet het niet!	Husk!	['husk]
Natuurlijk!	Selvfølgelig!	[sɛl'føljəli]
Natuurlijk niet!	Naturligvis ikke!	[na'tug̊ˀli'viˀs 'ekə]
Akkoord!	OK! Jeg er enig!	[ɔw'kɛj], ['jɑj 'æg̊ 'e:ni]
Zo is het genoeg!	Så er det nok!	['sʌ æg̊ de 'nʌk]

3. Vragen

Wie?	Hvem?	['vɛmˀ]
Wat?	Hvad?	['vað]
Waar?	Hvor?	['vɒˀ]
Waarheen?	Hvorhen?	['vɒˀ,hɛn]
Waar ... vandaan?	Hvorfra?	['vɒˀ,fʁɑˀ]
Wanneer?	Hvornår?	[vɒ'nɒˀ]
Waarom?	Hvorfor?	['vɔfʌ]
Waarom?	Hvorfor?	['vɔfʌ]

Waarvoor dan ook?	For hvad?	[fʌ 'vað]
Hoe?	Hvordan?	[vɒ'dan]
Wat voor ...?	Hvilken?	['velkən]
Welk?	Hvilken?	['velkən]

Aan wie?	Til hvem?	[tel 'vɛmˀ]
Over wie?	Om hvem?	[ʌm 'vɛmˀ]
Waarover?	Om hvad?	[ʌm 'vað]
Met wie?	Med hvem?	[mɛ 'vɛmˀ]

Hoeveel? (ontelb.)	Hvor meget?	[vɒˀ 'mɑɑð]
Van wie? (mann.)	Hvis?	['ves]

4. Voorzetsels

met (bijv. ~ beleg)	med	[mɛ]
zonder (~ accent)	uden	['uðən]
naar (in de richting van)	til	['tel]
over (praten ~)	om	[ʌm]
voor (in tijd)	før	['føˀg̊]
voor (aan de voorkant)	foran ...	['fɒ:'anˀ ...]

onder (lager dan)	under	['ɔnʌ]
boven (hoger dan)	over	['ɒwʌ]
op (bovenop)	på	[pɔ]
van (uit, afkomstig van)	fra	['fʁɑˀ]
van (gemaakt van)	af	[a]
over (bijv. ~ een uur)	om	[ʌm]
over (over de bovenkant)	over	['ɒwʌ]

5. Functiewoorden. Bijwoorden. Deel 1

Waar?	Hvor?	['vɒˀ]
hier (bw)	her	['hɛˀɡ̊]
daar (bw)	der	['dɛˀɡ̊]

ergens (bw)	et sted	[et 'stɛð]
nergens (bw)	ingen steder	['eŋən ˌstɛːðʌ]

bij ... (in de buurt)	ved	[ve]
bij het raam	ved vinduet	[ve 'vɛnduəð]

Waarheen?	Hvorhen?	['vɒˀˌhɛn]
hierheen (bw)	herhen	['hɛˀɡ̊ˌhɛn]
daarheen (bw)	derhen	['dɛˀɡ̊ˌhɛn]
hiervandaan (bw)	herfra	['hɛˀɡ̊ˌfʁɑˀ]
daarvandaan (bw)	derfra	['dɛˀɡ̊ˌfʁɑˀ]

dichtbij (bw)	nær	['nɛˀɡ̊]
ver (bw)	langt	['lɑŋˀt]

in de buurt (van ...)	nær	['nɛˀɡ̊]
vlakbij (bw)	i nærheden	[i 'nɛɡ̊ˌheðˀən]
niet ver (bw)	ikke langt	['ekə 'lɑŋˀt]

linker (bn)	venstre	['vɛnstʁʌ]
links (bw)	til venstre	[te 'vɛnstʁʌ]
linksaf, naar links (bw)	til venstre	[te 'vɛnstʁʌ]

rechter (bn)	højre	['hʌjʁʌ]
rechts (bw)	til højre	[te 'hʌjʁʌ]
rechtsaf, naar rechts (bw)	til højre	[te 'hʌjʁʌ]

vooraan (bw)	foran	['fɒː'anˀ]
voorste (bn)	for-, ante-	[fʌ-], [antə'-]
vooruit (bw)	fremad	['fʁamˀˌað]

achter (bw)	bagved	['bæˀjˌve]
van achteren (bw)	bagpå	['bæˀjˌpɔˀ]
achteruit (naar achteren)	tilbage	[te'bæːjə]

midden (het)	midte (f)	['metə]
in het midden (bw)	i midten	[i 'metən]

opzij (bw)	fra siden	[fʁɑ 'siðən]
overal (bw)	overalt	[ɒwʌ'alˀt]
omheen (bw)	rundtomkring	['ʁɔnˀdʌmˌkʁɛŋˀ]

binnenuit (bw)	indefra	['enəˌfʁɑˀ]
naar ergens (bw)	et sted	[et 'stɛð]
rechtdoor (bw)	ligeud	['liːə'uðˀ]
terug (bijv. ~ komen)	tilbage	[te'bæːjə]
ergens vandaan (bw)	et eller andet sted fra	[ed 'ɛlʌ 'anəð stɛð fʁɑˀ]
ergens vandaan (en dit geld moet ~ komen)	fra et sted	[fʁɑ ed 'stɛð]

ten eerste (bw)	for det første	[fʌ de 'fœɐ̯ste]
ten tweede (bw)	for det andet	[fʌ de 'aneð]
ten derde (bw)	for det tredje	[fʌ de 'tʁɛðjə]

plotseling (bw)	pludseligt	['pluselit]
in het begin (bw)	i begyndelsen	[i be'gøn̩ʔelsən]
voor de eerste keer (bw)	for første gang	[fʌ 'fœɐ̯ste gɑŋʔ]
lang voor … (bw)	længe før …	['lɛŋə fø̩ʔɡ …]
opnieuw (bw)	på ny	[pɔ 'nyʔ]
voor eeuwig (bw)	for evigt	[fʌ 'eːvið]

nooit (bw)	aldrig	['ɑldʁi]
weer (bw)	igen	[i'gɛn]
nu (bw)	nu	['nu]
vaak (bw)	ofte	['ʌfte]
toen (bw)	da, dengang	['da], ['dɛn̩ʔˌgɑŋʔ]
urgent (bw)	omgående	['ʌmˌgɔʔənə]
meestal (bw)	vanligvis	['væːnliˌviʔs]

trouwens, … (tussen haakjes)	for resten …	[fʌ 'ʁasten …]
mogelijk (bw)	muligt, muligvis	['muːlit], ['muːliˌviʔs]
waarschijnlijk (bw)	sandsynligvis	[san'syʔnliˌviʔs]
misschien (bw)	måske	[mɔ'skeʔ]
trouwens (bw)	desuden, …	[des'uːðən, …]
daarom …	derfor …	['dɛʔɡfʌ …]
in weerwil van …	på trods af …	[pɔ 'tʁʌs æʔ …]
dankzij …	takket være …	['tɑkeð ˌvɛʔʌ …]

wat (vn)	hvad	['vað]
dat (vw)	at	[at]
iets (vn)	noget	['nɔːəð]
iets	noget	['nɔːəð]
niets (vn)	ingenting	['eŋən'teŋʔ]

wie (~ is daar?)	hvem	['vɛmʔ]
iemand (een onbekende)	nogen	['noən]
iemand (een bepaald persoon)	nogen	['noən]

niemand (vn)	ingen	['eŋən]
nergens (bw)	ingen steder	['eŋən ˌstɛːðʌ]
niemands (bn)	ingens	['eŋəns]
iemands (bn)	nogens	['noəns]

zo (Ik ben ~ blij)	så	['sʌ]
ook (evenals)	også	['ʌsə]
alsook (eveneens)	også	['ʌsə]

6. Functiewoorden. Bijwoorden. Deel 2

Waarom?	Hvorfor?	['vɔfʌ]
om een bepaalde reden	af en eller anden grund	[a en 'ɛlʌ 'anən 'gʁɔnʔ]
omdat …	fordi …	[fʌ'diʔ …]

voor een bepaald doel	af en eller anden grund	[a en 'ɛlʌ 'anən 'gʁɔnˀ]
en (vw)	og	[ʌ]
of (vw)	eller	[ɛlʌ]
maar (vw)	men	['mɛn]
voor (vz)	for, til	[fʌ], [tel]

te (~ veel mensen)	for, alt for	[fʌ], ['alˀt fʌ]
alleen (bw)	bare, kun	['baːa], ['kɔn]
precies (bw)	præcis	[pʁɛ'siˀs]
ongeveer (~ 10 kg)	cirka	['siɐ̯ka]

omstreeks (bw)	omtrent	[ʌm'tʁanˀt]
bij benadering (bn)	omtrentlig	[ʌm'tʁanˀtli]
bijna (bw)	næsten	['nɛstən]
rest (de)	rest (f)	['ʁast]

de andere (tweede)	den anden	[dən 'anən]
ander (bn)	andre	['andʁʌ]
elk (bn)	hver	['vɛˀɐ̯]
om het even welk	hvilken som helst	['velkən sʌm 'hɛlˀst]
veel (grote hoeveelheid)	megen, meget	['majən], ['maað]
veel mensen	mange	['maŋə]
iedereen (alle personen)	alle	['alə]

in ruil voor ...	til gengæld for ...	[tel 'gɛnˌgɛlˀ fʌ ...]
in ruil (bw)	i stedet for	[i 'stɛðə fʌ]
met de hand (bw)	i hånden	[i 'hʌnən]
onwaarschijnlijk (bw)	næppe	['nɛpə]

waarschijnlijk (bw)	sandsynligvis	[san'syˀnliˌviˀs]
met opzet (bw)	med vilje, forsætlig	[mɛ 'viljə], [fʌ'sɛtli]
toevallig (bw)	tilfældigt	[te'fɛlˀdit]

zeer (bw)	meget	['maað]
bijvoorbeeld (bw)	for eksempel	[fʌ ɛk'sɛmˀpəl]
tussen (~ twee steden)	imellem	[i'mɛlˀəm]
tussen (te midden van)	blandt	['blant]
zoveel (bw)	så meget	['sʌ 'maað]
vooral (bw)	særligt	['sæɐ̯lit]

GETALLEN. DIVERSEN

7. Kardinale getallen. Deel 1

nul	nul	['nɔl]
een	en	['en]
twee	to	['toˀ]
drie	tre	['tʁɛˀ]
vier	fire	['fiˀʌ]
vijf	fem	['fɛmˀ]
zes	seks	['sɛks]
zeven	syv	['sywˀ]
acht	otte	['ɔ:tə]
negen	ni	['niˀ]
tien	ti	['tiˀ]
elf	elleve	['ɛlvə]
twaalf	tolv	['tʌlˀ]
dertien	tretten	['tʁatən]
veertien	fjorten	['fjoɐ̯tən]
vijftien	femten	['fɛmtən]
zestien	seksten	['sɑjstən]
zeventien	sytten	['søtən]
achttien	atten	['atən]
negentien	nitten	['netən]
twintig	tyve	['ty:və]
eenentwintig	enogtyve	['eːnʌˌtyːvə]
tweeëntwintig	toogtyve	['toːʌˌtyːvə]
drieëntwintig	treogtyve	['tʁɛːʌˌtyːvə]
dertig	tredive	['tʁaðvə]
eenendertig	enogtredive	['eːnʌˌtʁaðvə]
tweeëndertig	toogtredive	['toːʌˌtʁaðvə]
drieëndertig	treogtredive	['tʁɛːʌˌtʁaðvə]
veertig	fyrre	['fœɐ̯ʌ]
eenenveertig	enogfyrre	['eːnʌˌfœɐ̯ʌ]
tweeënveertig	toogfyrre	['toːʌˌfœɐ̯ʌ]
drieënveertig	treogfyrre	['tʁɛːʌˌfœɐ̯ʌ]
vijftig	halvtreds	[hal'tʁɛs]
eenenvijftig	enoghalvtreds	['eːnʌ halˌtʁɛs]
tweeënvijftig	tooghalvtreds	['toːʌ halˌtʁɛs]
drieënvijftig	treoghalvtreds	['tʁɛːʌ halˌtʁɛs]
zestig	tres	['tʁɛs]
eenenzestig	enogtres	['eːnʌˌtʁɛs]

| tweeënzestig | toogtres | ['to:ʌˌtʁɛs] |
| drieënzestig | treogtres | ['tʁɛ:ʌˌtʁɛs] |

zeventig	halvfjerds	[hal'fjæɐ̯s]
eenenzeventig	enoghalvfjerds	['e:nʌ hal'fjæɐ̯s]
tweeënzeventig	tooghalvfjerds	['to:ʌ hal'fjæɐ̯s]
drieënzeventig	treoghalvfjerds	['tʁɛ:ʌ hal'fjæɐ̯s]

tachtig	firs	['fiɐ̯'s]
eenentachtig	enogfirs	['e:nʌˌ'fiɐ̯'s]
tweeëntachtig	toogfirs	['to:ʌˌfiɐ̯'s]
drieëntachtig	treogfirs	['tʁɛ:ʌˌfiɐ̯'s]

negentig	halvfems	[hal'fɛmˀs]
eenennegentig	enoghalvfems	['e:nʌ halˌfɛmˀs]
tweeënnegentig	tooghalvfems	['to:ʌ halˌfɛmˀs]
drieënnegentig	treoghalvfems	['tʁɛ:ʌ halˌfɛmˀs]

8. Kardinale getallen. Deel 2

honderd	hundrede	['hunʌðə]
tweehonderd	tohundrede	['tɔwˌhunʌðə]
driehonderd	trehundrede	['tʁɛˌhunʌðə]
vierhonderd	firehundrede	['fiɐ̯ˌhunʌðə]
vijfhonderd	femhundrede	['fɛmˌhunʌðə]

zeshonderd	sekshundrede	['sɛksˌhunʌðə]
zevenhonderd	syvhundrede	['sywˌhunʌðə]
achthonderd	ottehundrede	['ɔ:təˌhunʌðə]
negenhonderd	nihundrede	['niˌhunʌðə]

duizend	tusind	['tuˀsən]
tweeduizend	totusind	['toˌtuˀsən]
drieduizend	tretusind	['tʁɛˌtuˀsən]
tienduizend	titusind	['tiˌtuˀsən]
honderdduizend	hundredetusind	['hunʌðəˌtuˀsən]
miljoen (het)	million (f)	[mili'oˀn]
miljard (het)	milliard (f)	[mili'ɑˀd]

9. Ordinale getallen

eerste (bn)	første	['fœɐ̯stə]
tweede (bn)	anden	['anən]
derde (bn)	tredje	['tʁɛðjə]
vierde (bn)	fjerde	['fjɛ:ʌ]
vijfde (bn)	femte	['fɛmtə]

zesde (bn)	sjette	['ɕɛ:tə]
zevende (bn)	syvende	['sywˀənə]
achtste (bn)	ottende	['ʌtənə]
negende (bn)	niende	['niˀənə]
tiende (bn)	tiende	['tiˀənə]

KLEUREN. MEETEENHEDEN

10. Kleuren

kleur (de)	farve (f)	['fɑːvə]
tint (de)	nuance (f)	[ny'aŋsə]
kleurnuance (de)	farvetone (f)	['fɑːvə̩toːnə]
regenboog (de)	regnbue (f)	['ʁɑjn̩buːə]
wit (bn)	hvid	['við']
zwart (bn)	sort	['soɐ̯t]
grijs (bn)	grå	['gʁɔ']
groen (bn)	grøn	['gʁœn']
geel (bn)	gul	['gu'l]
rood (bn)	rød	['ʁœð']
blauw (bn)	blå	['blɔ']
lichtblauw (bn)	lyseblå	['lysə̩blɔ']
roze (bn)	rosa	['ʁoːsa]
oranje (bn)	orange	[o'ʁaŋɕə]
violet (bn)	violblå	[vi'ol̩blɔ']
bruin (bn)	brun	['bʁu'n]
goud (bn)	guld-	['gul-]
zilverkleurig (bn)	sølv-	['søl-]
beige (bn)	beige	['bɛːɕ]
roomkleurig (bn)	cremefarvet	['kʁɛːm̩fɑ'vəð]
turkoois (bn)	turkis	[tyg'ki's]
kersrood (bn)	kirsebærrød	['kiɐ̯səbæɐ̯̩ʁœð']
lila (bn)	lilla	['lela]
karmijnrood (bn)	hindbærrød	['henbæɐ̯̩ʁœð']
licht (bn)	lys	['ly's]
donker (bn)	mørk	['mœɐ̯k]
fel (bn)	klar	['klɑ']
kleur-, kleurig (bn)	farve-	['fɑːvə-]
kleuren- (abn)	farve	['fɑːvə]
zwart-wit (bn)	sort-hvid	['soɐ̯t'við']
eenkleurig (bn)	ensfarvet	['ens̩fɑ'vəð]
veelkleurig (bn)	mangefarvet	['maŋə̩fɑːvəð]

11. Meeteenheden

gewicht (het)	vægt (f)	['vɛgt]
lengte (de)	længde (f)	['lɛŋ'də]

breedte (de)	bredde (f)	['bʁɛ'də]
hoogte (de)	højde (f)	['hʌj'də]
diepte (de)	dybde (f)	['dybdə]
volume (het)	rumfang (i)	['ʁɔm,faŋ']
oppervlakte (de)	areal (i)	[,ɑːe'æ'l]

gram (het)	gram (i)	['gʁam']
milligram (het)	milligram (i)	['mili,gʁam']
kilogram (het)	kilogram (i)	['kilo,gʁam']
ton (duizend kilo)	ton (i, f)	['tʌn']
pond (het)	pund (i)	['pun']
ons (het)	ounce (f)	['awns]

meter (de)	meter (f)	['me'tʌ]
millimeter (de)	millimeter (f)	['mili,me'tʌ]
centimeter (de)	centimeter (f)	['sɛnti,me'tʌ]
kilometer (de)	kilometer (f)	['kilo,me'tʌ]
mijl (de)	mil (f)	['mi'l]

duim (de)	tomme (f)	['tʌmə]
voet (de)	fod (f)	['fo'ð]
yard (de)	yard (f)	['jaːd]

| vierkante meter (de) | kvadratmeter (f) | [kva'dʁa't,me'tʌ] |
| hectare (de) | hektar (f) | [hɛk'ta'] |

liter (de)	liter (f)	['litʌ]
graad (de)	grad (f)	['gʁa'ð]
volt (de)	volt (f)	['vʌl't]
ampère (de)	ampere (f)	[am'pɛːɡ]
paardenkracht (de)	hestekraft (f)	['hɛstə,kʁaft]

hoeveelheid (de)	mængde (f)	['mɛŋ'də]
een beetje ...	lidt ...	['let ...]
helft (de)	halvdel (f)	['halde'l]
dozijn (het)	dusin (i)	[du'si'n]
stuk (het)	stykke (i)	['støkə]

| afmeting (de) | størrelse (f) | ['stœɡʌlsə] |
| schaal (bijv. ~ van 1 op 50) | målestok (f) | ['mɔːlə,stʌk] |

minimaal (bn)	minimal	[mini'mæ'l]
minste (bn)	mindst	['men'st]
medium (bn)	middel	['mið'əl]
maximaal (bn)	maksimal	[maksi'mæ'l]
grootste (bn)	størst	['stœɡst]

12. Containers

glazen pot (de)	glaskrukke (f)	['glas,kʁɔkə]
blik (conserven~)	dåse (f)	['dɔːsə]
emmer (de)	spand (f)	['span']
ton (bijv. regenton)	tønde (f)	['tønə]
ronde waterbak (de)	balje (f)	['baljə]

tank (bijv. watertank-70-ltr)	tank (f)	['tɑŋˀk]
heupfles (de)	lommelærke (f)	['lʌməˌlæɡkə]
jerrycan (de)	dunk (f)	['dɔŋˀk]
tank (bijv. ketelwagen)	tank (f)	['tɑŋˀk]

beker (de)	krus (i)	['kʁuˀs]
kopje (het)	kop (f)	['kʌp]
schoteltje (het)	underkop (f)	['ɔnʌˌkʌp]
glas (het)	glas (i)	['glas]
wijnglas (het)	vinglas (i)	['viːnˌglas]
steelpan (de)	gryde (f)	['gʁyːðə]

| fles (de) | flaske (f) | ['flaskə] |
| flessenhals (de) | flaskehals (f) | ['flaskəˌhalˀs] |

karaf (de)	karaffel (f)	[kɑ'ʁɑfəl]
kruik (de)	kande (f)	['kanə]
vat (het)	beholder (f)	[be'hʌlˀʌ]
pot (de)	potte (f)	['pʌtə]
vaas (de)	vase (f)	['væːsə]

flacon (de)	flakon (f)	[fla'kʌŋ]
flesje (het)	flaske (f)	['flaskə]
tube (bijv. ~ tandpasta)	tube (f)	['tuːbə]

zak (bijv. ~ aardappelen)	sæk (f)	['sɛk]
tasje (het)	pose (f)	['poːsə]
pakje (~ sigaretten, enz.)	pakke (f)	['pɑkə]

doos (de)	æske (f)	['ɛskə]
kist (de)	kasse (f)	['kasə]
mand (de)	kurv (f)	['kuɐ̯ˀw]

BELANGRIJKSTE WERKWOORDEN

13. De belangrijkste werkwoorden. Deel 1

aanbevelen (ww)	at anbefale	[ʌ 'anbe̩fæˀlə]
aandringen (ww)	at insistere	[ʌ ensi'steˀʌ]
aankomen (per auto, enz.)	at ankomme	[ʌ 'an̩kʌmˀə]
aanraken (ww)	at røre	[ʌ 'ʁœːʌ]
adviseren (ww)	at råde	[ʌ 'ʁɔːðə]

afdalen (on.ww.)	at gå ned	[ʌ gɔˀ 'neðˀ]
afslaan (naar rechts ~)	at svinge	[ʌ 'sveŋə]
antwoorden (ww)	at svare	[ʌ 'svɑːɑ]
bang zijn (ww)	at frygte	[ʌ 'fʁœgtə]
bedreigen (bijv. met een pistool)	at true	[ʌ 'tʁuːə]

bedriegen (ww)	at snyde	[ʌ 'snyːðə]
beëindigen (ww)	at slutte	[ʌ 'slutə]
beginnen (ww)	at begynde	[ʌ be'gønˀə]
begrijpen (ww)	at forstå	[ʌ fʌ'stɔˀ]
beheren (managen)	at styre, at lede	[ʌ 'styːʌ], [ʌ 'leːðə]

beledigen (met scheldwoorden)	at fornærme	[ʌ fʌ'næɐ̯ˀmə]
beloven (ww)	at love	[ʌ 'lɔːvə]
bereiden (koken)	at lave	[ʌ 'læːvə]
bespreken (spreken over)	at diskutere	[ʌ disku'teˀʌ]

bestellen (eten ~)	at bestille	[ʌ be'stelˀə]
bestraffen (een stout kind ~)	at straffe	[ʌ 'stʁɑfə]
betalen (ww)	at betale	[ʌ be'tæˀlə]
betekenen (beduiden)	at betyde	[ʌ be'tyˀðə]
betreuren (ww)	at beklage	[ʌ be'klæˀjə]

bevallen (prettig vinden)	at kunne lide	[ʌ 'kunə 'liːðə]
bevelen (mil.)	at beordre	[ʌ be'ɒˀdʁʌ]
bevrijden (stad, enz.)	at befri	[ʌ be'fʁiˀ]
bewaren (ww)	at beholde	[ʌ be'hʌlˀə]
bezitten (ww)	at besidde, at eje	[ʌ be'siðˀə], [ʌ 'ɑjə]

bidden (praten met God)	at bede	[ʌ 'beˀðə]
binnengaan (een kamer ~)	at komme ind	[ʌ 'kʌmə ̩enˀ]
breken (ww)	at bryde	[ʌ 'bʁyːðə]
controleren (ww)	at kontrollere	[ʌ kʌntʁo'leˀʌ]
creëren (ww)	at oprette, at skabe	[ʌ 'ʌb̩ʁatə], [ʌ 'skæːbə]

deelnemen (ww)	at deltage	[ʌ 'del̩tæˀ]
denken (ww)	at tænke	[ʌ 'tɛŋkə]
doden (ww)	at dræbe, at myrde	[ʌ 'dʁɛːbə], [ʌ 'myɐ̯ðə]

doen (ww)	at gøre	[ʌ 'gœːʌ]
dorst hebben (ww)	at være tørstig	[ʌ 'vɛːʌ 'tœɐsti]

14. De belangrijkste werkwoorden. Deel 2

een hint geven	at give et vink	[ʌ 'giˀ et 'veŋˀk]
eisen (met klem vragen)	at kræve	[ʌ 'kʁɛːvə]
excuseren (vergeven)	at tilgive	[ʌ 'tel͵giˀ]
existeren (bestaan)	at eksistere	[ʌ ɛksi'steˀʌ]
gaan (te voet)	at gå	[ʌ 'gɔˀ]
gaan zitten (ww)	at sætte sig	[ʌ 'sɛtə sɑj]
gaan zwemmen	at bade	[ʌ 'bæˀðə]
geven (ww)	at give	[ʌ 'giˀ]
glimlachen (ww)	at smile	[ʌ 'smiːlə]
goed raden (ww)	at gætte	[ʌ 'gɛtə]
grappen maken (ww)	at spøge	[ʌ 'spøːjə]
graven (ww)	at grave	[ʌ 'gʁɑːvə]
hebben (ww)	at have	[ʌ 'hæːvə]
helpen (ww)	at hjælpe	[ʌ 'jɛlpə]
herhalen (opnieuw zeggen)	at gentage	[ʌ 'gɛn͵tæˀ]
honger hebben (ww)	at være sulten	[ʌ 'vɛːʌ 'sultən]
hopen (ww)	at håbe	[ʌ 'hɔːbə]
horen	at høre	[ʌ 'høːʌ]
(waarnemen met het oor)		
huilen (wenen)	at græde	[ʌ 'gʁaːðə]
huren (huis, kamer)	at leje	[ʌ 'lɑjə]
informeren (informatie geven)	at informere	[ʌ enfɒ'meˀʌ]
instemmen (akkoord gaan)	at samtykke	[ʌ 'sɑm͵tykə]
jagen (ww)	at jage	[ʌ 'jæːjə]
kennen (kennis hebben	at kende	[ʌ 'kɛnə]
van iemand)		
kiezen (ww)	at vælge	[ʌ 'vɛljə]
klagen (ww)	at klage	[ʌ 'klæːjə]
kosten (ww)	at koste	[ʌ 'kʌstə]
kunnen (ww)	at kunne	[ʌ 'kunə]
lachen (ww)	at le, at grine	[ʌ 'leˀ], [ʌ 'gʁiːnə]
laten vallen (ww)	at tabe	[ʌ 'tæːbə]
lezen (ww)	at læse	[ʌ 'lɛːsə]
liefhebben (ww)	at elske	[ʌ 'ɛlskə]
lunchen (ww)	at spise frokost	[ʌ 'spiːsə 'fʁɔkʌst]
nemen (ww)	at tage	[ʌ 'tæˀ]
nodig zijn (ww)	at være behøvet	[ʌ 'vɛːʌ be'høˀvəð]

15. De belangrijkste werkwoorden. Deel 3

onderschatten (ww)	at undervurdere	[ʌ 'ɔnʌvuɐ'deˀʌ]
ondertekenen (ww)	at underskrive	[ʌ 'ɔnʌ͵skʁiˀvə]

ontbijten (ww)	at spise morgenmad	[ʌ 'spiːsə 'mɒːɒnˌmað]
openen (ww)	at åbne	[ʌ 'ɔːbnə]
ophouden (ww)	at stoppe, at slutte	[ʌ 'stʌpə], [ʌ 'slutə]
opmerken (zien)	at bemærke	[ʌ be'mæɐ̯kə]

opscheppen (ww)	at prale	[ʌ 'pʁɑːlə]
opschrijven (ww)	at skrive ned	[ʌ 'skʁiːvə 'neðʔ]
plannen (ww)	at planlægge	[ʌ 'plæːnˌlɛgə]
prefereren (verkiezen)	at foretrække	[ʌ fɒːɒ'tʁakə]
proberen (trachten)	at prøve	[ʌ 'pʁœːwə]
redden (ww)	at redde	[ʌ 'ʁɛðə]

rekenen op ...	at regne med ...	[ʌ 'ʁajnə mɛ ...]
rennen (ww)	at løbe	[ʌ 'løːbə]
reserveren	at reservere	[ʌ ʁɛsæɐ̯'veʔʌ]
(een hotelkamer ~)		
roepen (om hulp)	at tilkalde	[ʌ 'telˌkalʔə]
schieten (ww)	at skyde	[ʌ 'skyːðə]
schreeuwen (ww)	at skrige	[ʌ 'skʁiːə]

schrijven (ww)	at skrive	[ʌ 'skʁiːvə]
souperen (ww)	at spise aftensmad	[ʌ 'spiːsə 'ɑftənsˌmað]
spelen (kinderen)	at lege	[ʌ 'lajə]
spreken (ww)	at tale	[ʌ 'tæːlə]
stelen (ww)	at stjæle	[ʌ 'stjɛːlə]
stoppen (pauzeren)	at standse	[ʌ 'stansə]

studeren (Nederlands ~)	at studere	[ʌ stu'deʔʌ]
sturen (zenden)	at sende	[ʌ 'sɛnə]
tellen (optellen)	at tælle	[ʌ 'tɛlə]
toebehoren ...	at tilhøre ...	[ʌ 'telˌhøʔʌ ...]
toestaan (ww)	at tillade	[ʌ 'teˌlæʔðə]
tonen (ww)	at vise	[ʌ 'viːsə]

twijfelen (onzeker zijn)	at tvivle	[ʌ 'tviwlə]
uitgaan (ww)	at gå ud	[ʌ 'gɔʔ uðʔ]
uitnodigen (ww)	at indbyde, at invitere	[ʌ 'enˌbyʔðə], [ʌ envi'teʔʌ]
uitspreken (ww)	at udtale	[ʌ 'uðˌtæːlə]
uitvaren tegen (ww)	at skælde	[ʌ 'skɛlə]

16. De belangrijkste werkwoorden. Deel 4

vallen (ww)	at falde	[ʌ 'falə]
vangen (ww)	at fange	[ʌ 'faŋə]
veranderen (anders maken)	at ændre	[ʌ 'ɛndʁʌ]
verbaasd zijn (ww)	at blive forundret	[ʌ 'bliːə fʌ'ɔnʔdʁʌð]
verbergen (ww)	at gemme	[ʌ 'gɛmə]

verdedigen (je land ~)	at forsvare	[ʌ fʌ'svaʔɑ]
verenigen (ww)	at forene	[ʌ fʌ'enə]
vergelijken (ww)	at sammenligne	[ʌ 'samənˌliʔnə]
vergeten (ww)	at glemme	[ʌ 'glɛmə]
vergeven (ww)	at tilgive	[ʌ 'telˌgiʔ]
verklaren (uitleggen)	at forklare	[ʌ fʌ'klaʔɑ]

verkopen (per stuk ~)	at sælge	[ʌ 'sɛljə]
vermelden (praten over)	at omtale, at nævne	[ʌ 'ʌm‚tæ:lə], [ʌ 'nɛwnə]
versieren (decoreren)	at pryde	[ʌ 'pʀy:ðə]
vertalen (ww)	at oversætte	[ʌ 'ɒwʌ‚sɛtə]
vertrouwen (ww)	at stole på	[ʌ 'sto:lə pɔ']
vervolgen (ww)	at fortsætte	[ʌ 'fɒ:t‚sɛtə]
verwarren (met elkaar ~)	at forveksle	[ʌ fʌ'vɛkslə]
verzoeken (ww)	at bede	[ʌ 'be'ðə]
verzuimen (school, enz.)	at forsømme	[ʌ fʌ'sœm'ə]
vinden (ww)	at finde	[ʌ 'fenə]
vliegen (ww)	at flyve	[ʌ 'fly:və]
volgen (ww)	at følge efter ...	[ʌ 'føljə 'ɛftʌ ...]
voorstellen (ww)	at foreslå	[ʌ 'fɒ:ɒ‚slɔ']
voorzien (verwachten)	at forudse	[ʌ 'fɒuð‚se']
vragen (ww)	at spørge	[ʌ 'spɒɐ̯ʌ]
waarnemen (ww)	at observere	[ʌ ʌbsæɡ̯'ve'ʌ]
waarschuwen (ww)	at advare	[ʌ 'að‚va'a]
wachten (ww)	at vente	[ʌ 'vɛntə]
weerspreken (ww)	at indvende	[ʌ 'en'‚vɛn'ə]
weigeren (ww)	at vægre sig	[ʌ 'vɛ:jʀʌ saj]
werken (ww)	at arbejde	[ʌ 'a:‚baj'də]
weten (ww)	at vide	[ʌ 'vi:ðə]
willen (verlangen)	at ville	[ʌ 'vilə]
zeggen (ww)	at sige	[ʌ 'si:]
zich haasten (ww)	at skynde sig	[ʌ 'skønə saj]
zich interesseren voor ...	at interessere sig	[ʌ entʀə'se'ʌ saj]
zich vergissen (ww)	at tage fejl	[ʌ 'tæ' faj'l]
zich verontschuldigen	at undskylde sig	[ʌ 'ɔn‚skyl'ə saj]
zien (ww)	at se	[ʌ 'se']
zoeken (ww)	at søge ...	[ʌ 'sø:ə ...]
zwemmen (ww)	at svømme	[ʌ 'svœmə]
zwijgen (ww)	at tie	[ʌ 'ti:ə]

TIJD. KALENDER

17. Dagen van de week

maandag (de)	mandag (f)	['man'da]
dinsdag (de)	tirsdag (f)	['tiɐ̯'sda]
woensdag (de)	onsdag (f)	['ɔn'sda]
donderdag (de)	torsdag (f)	['tɒ'sda]
vrijdag (de)	fredag (f)	['fʁɛ'da]
zaterdag (de)	lørdag (f)	['lœɐ̯da]
zondag (de)	søndag (f)	['sœn'da]
vandaag (bw)	i dag	[i 'dæ']
morgen (bw)	i morgen	[i 'mɒ:ɒn]
overmorgen (bw)	i overmorgen	[i 'ɒwʌˌmɒ:ɒn]
gisteren (bw)	i går	[i 'gɒ']
eergisteren (bw)	i forgårs	[i 'fɒːˌgɒ's]
dag (de)	dag (f)	['dæ']
werkdag (de)	arbejdsdag (f)	['ɑːbɑjdsˌdæ']
feestdag (de)	festdag (f)	['fɛstˌdæ']
verlofdag (de)	fridag (f)	['fʁidæ']
weekend (het)	weekend (f)	['wiːˌkɛnd]
de hele dag (bw)	hele dagen	['heːlə 'dæ'ən]
de volgende dag (bw)	næste dag	['nɛstə dæ']
twee dagen geleden	for to dage siden	[fʌ to' 'dæ'ə 'siðən]
aan de vooravond (bw)	dagen før	['dæ'ən fʌ]
dag-, dagelijks (bn)	daglig	['dɑwli]
elke dag (bw)	hver dag	['vɛɐ̯ 'dæ']
week (de)	uge (f)	['uːə]
vorige week (bw)	sidste uge	[i 'sistə 'uːə]
volgende week (bw)	i næste uge	[i 'nɛstə 'uːə]
wekelijks (bn)	ugentlig	['uːəntli]
elke week (bw)	hver uge	['vɛɐ̯ 'uːə]
twee keer per week	to gange om ugen	['to: 'gɑŋə ɒm 'uːən]
elke dinsdag	hver tirsdag	['vɛɐ̯ ˌtiɐ̯'sda]

18. Uren. Dag en nacht

morgen (de)	morgen (f)	['mɒ:ɒn]
's morgens (bw)	om morgenen	[ʌm 'mɒ:ɒnən]
middag (de)	middag (f)	['meda]
's middags (bw)	om eftermiddagen	[ʌm 'ɛftʌmeˌdæ'ən]
avond (de)	aften (f)	['aftən]
's avonds (bw)	om aftenen	[ʌm 'aftənən]

nacht (de)	nat (f)	['nat]
's nachts (bw)	om natten	[ʌm 'natən]
middernacht (de)	midnat (f)	['miðˌnat]

seconde (de)	sekund (i)	[se'kɔnˀd]
minuut (de)	minut (i)	[me'nut]
uur (het)	time (f)	['tiːmə]
halfuur (het)	en halv time	[en 'halˀ 'tiːmə]
kwartier (het)	kvart (f)	['kvɑːt]
vijftien minuten	femten minutter	['fɛmtən me'nutʌ]
etmaal (het)	døgn (i)	['dʌjˀn]

zonsopgang (de)	solopgang (f)	['soːl 'ʌpˌgɑŋˀ]
dageraad (de)	daggry (i)	['dɑwˌgʁyː]
vroege morgen (de)	tidlig morgen (f)	['tiðli 'mɒːɒn]
zonsondergang (de)	solnedgang (f)	['soːl 'neðˌgɑŋˀ]

's morgens vroeg (bw)	tidligt om morgenen	['tiðlit ʌm 'mɒːɒnən]
vanmorgen (bw)	i morges	[i 'mɒːɒs]
morgenochtend (bw)	i morgen tidlig	[i 'mɒːɒn 'tiðli]

vanmiddag (bw)	i eftermiddag	[i 'ɛftʌmeˌdæˀ]
's middags (bw)	om eftermiddagen	[ʌm 'ɛftʌmeˌdæˀən]
morgenmiddag (bw)	i morgen eftermiddag	[i 'mɒːɒn 'ɛftʌmeˌdæˀ]

vanavond (bw)	i aften	[i 'ɑftən]
morgenavond (bw)	i morgen aften	[i 'mɒːɒn 'ɑftən]

klokslag drie uur	klokken tre præcis	['klʌkən tʁɛ pʁɛ'siˀs]
ongeveer vier uur	ved fire tiden	[ve 'fiˀʌ 'tiðən]
tegen twaalf uur	ved 12-tiden	[ve 'tʌl 'tiðən]

over twintig minuten	om 20 minutter	[ʌm 'tyːvə me'nutʌ]
over een uur	om en time	[ʌm en 'tiːmə]
op tijd (bw)	i tide	[i 'tiːðə]

kwart voor ...	kvart i ...	['kvɑːt i ...]
binnen een uur	inden for en time	['enənˀfʌ en 'tiːmə]
elk kwartier	hvert 15 minut	['vɛˀɡt 'fɛmtən me'nut]
de klok rond	døgnet rundt	['dʌjneð 'ʁɔnˀt]

19. Maanden. Seizoenen

januari (de)	januar (f)	['januˌɑˀ]
februari (de)	februar (f)	['febʁuˌɑˀ]
maart (de)	marts (f)	['mɑːts]
april (de)	april (f)	[a'pʁiˀl]
mei (de)	maj (f)	['mɑjˀ]
juni (de)	juni (f)	['juˀni]

juli (de)	juli (f)	['juˀli]
augustus (de)	august (f)	[ɑw'gɔst]
september (de)	september (f)	[sep'tɛmˀbʌ]
oktober (de)	oktober (f)	[ok'toˀbʌ]

27

november (de)	november (f)	[no'vɛmˀbʌ]
december (de)	december (f)	[de'sɛmˀbʌ]

lente (de)	forår (i)	['fɒːˌɒˀ]
in de lente (bw)	om foråret	[ʌm 'fɒːˌɒˀð]
lente- (abn)	forårs-	['fɒːɒs-]

zomer (de)	sommer (f)	['sʌmʌ]
in de zomer (bw)	om sommeren	[ʌm 'sʌmʌən]
zomer-, zomers (bn)	sommer-	['sʌmʌ-]

herfst (de)	efterår (i)	['ɛftʌˌɒˀ]
in de herfst (bw)	om efteråret	[ʌm 'ɛftʌˌɒˀð]
herfst- (abn)	efterårs-	['ɛftʌˌɒs-]

winter (de)	vinter (f)	['venˀtʌ]
in de winter (bw)	om vinteren	[ʌm 'venˀtʌən]
winter- (abn)	vinter-	['ventʌ-]

maand (de)	måned (f)	['mɔːnəð]
deze maand (bw)	i denne måned	[i 'dɛnə 'mɔːnəð]
volgende maand (bw)	næste måned	['nɛstə 'mɔːnəð]
vorige maand (bw)	sidste måned	['sistə 'mɔːnəð]

een maand geleden (bw)	for en måned siden	[fʌ en 'mɔːnəð 'siðən]
over een maand (bw)	om en måned	[ʌm en 'mɔːnəð]
over twee maanden (bw)	om 2 måneder	[ʌm to 'mɔːnəðʌ]
de hele maand (bw)	en hel måned	[en 'heːl 'mɔːnəð]
een volle maand (bw)	hele måneden	['heːlə 'mɔːnəðən]

maand-, maandelijks (bn)	månedlig	['mɔːnəðli]
maandelijks (bw)	månedligt	['mɔːnəðlit]
elke maand (bw)	hver måned	['vɛɡ 'mɔːnəð]
twee keer per maand	to gange om måneden	['toː 'gaŋə ɒm 'mɔːnəðən]

jaar (het)	år (i)	['ɒˀ]
dit jaar (bw)	i år	[i 'ɒˀ]
volgend jaar (bw)	næste år	['nɛstə ɒˀ]
vorig jaar (bw)	i fjor	[i 'fjoˀɡ]

een jaar geleden (bw)	for et år siden	[fʌ ed ɒˀ 'siðən]
over een jaar	om et år	[ʌm et 'ɒˀ]
over twee jaar	om 2 år	[ʌm to 'ɒˀ]
het hele jaar	hele året	['heːlə 'ɒːɒð]
een vol jaar	hele året	['heːlə 'ɒːɒð]

elk jaar	hvert år	['vɛˀɡt ɒˀ]
jaar-, jaarlijks (bn)	årlig	['ɒːli]
jaarlijks (bw)	årligt	['ɒːlit]
4 keer per jaar	fire gange om året	['fiˀʌ 'gaŋə ɒm 'ɒːɒð]

datum (de)	dato (f)	['dæːto]
datum (de)	dato (f)	['dæːto]
kalender (de)	kalender (f)	[ka'lɛnˀʌ]
een half jaar	et halvt år	[et halˀt 'ɒˀ]
zes maanden	halvår (i)	['halvˌɒˀ]

seizoen (bijv. lente, zomer)	**årstid** (f)	['ɒːsˌtið°]
eeuw (de)	**århundrede** (i)	[ɒ'hunʁʌðə]

REIZEN. HOTEL

20. Trip. Reizen

toerisme (het)	turisme (f)	[tu'ʁismə]
toerist (de)	turist (f)	[tu'ʁist]
reis (de)	rejse (f)	['ʁɑjsə]
avontuur (het)	eventyr (i)	['ɛ:vən,tyɡ̊ʔ]
tocht (de)	rejse (f)	['ʁɑjsə]
vakantie (de)	ferie (f)	['feɡ̊ʔiə]
met vakantie zijn	at holde ferie	[ʌ 'hʌlə 'feɡ̊ʔiə]
rust (de)	ophold (i), hvile (f)	['ʌp,hʌlʔ], ['vi:lə]
trein (de)	tog (i)	['tɔʔw]
met de trein	med tog	[mɛ 'tɔʔw]
vliegtuig (het)	fly (i)	['flyʔ]
met het vliegtuig	med fly	[mɛ 'flyʔ]
met de auto	med bil	[mɛ 'biʔl]
per schip (bw)	med skib	[mɛ 'skiʔb]
bagage (de)	bagage (f)	[ba'gæ:ɕə]
valies (de)	kuffert (f)	['kɔfʌt]
bagagekarretje (het)	bagagevogn (f)	[ba'gæ:ɕə,vɒwʔn]
paspoort (het)	pas (i)	['pas]
visum (het)	visum (i)	['vi:sɔm]
kaartje (het)	billet (f)	[bi'lɛt]
vliegticket (het)	flybillet (f)	['fly bi'lɛt]
reisgids (de)	rejsehåndbog (f)	['ʁɑjsə,hʌnbɔʔw]
kaart (de)	kort (i)	['kɒ:t]
gebied (landelijk ~)	område (i)	['ʌm,ʁɔ:ðə]
plaats (de)	sted (i)	['stɛð]
exotisch (bn)	eksotisk	[ɛk'soʔtisk]
verwonderlijk (bn)	forunderlig	[fʌ'ɔnʔʌli]
groep (de)	gruppe (f)	['gʁupə]
rondleiding (de)	udflugt (f)	['uð,flɔgt]
gids (de)	guide (f)	['gɑjd]

21. Hotel

hotel (het)	hotel (i)	[ho'tɛlʔ]
motel (het)	motel (i)	[mo'tɛlʔ]
3-sterren	trestjernet	['tʁɛ,stjæɡ̊ʔnəð]
5-sterren	femstjernet	['fɛm,stjæɡ̊ʔnəð]

overnachten (ww)	at bo	[ʌ 'boˀ]
kamer (de)	værelse (i)	['væɡʌlsə]
eenpersoonskamer (de)	enkeltværelse (i)	['ɛnˀkəltˌvæɡʌlsə]
tweepersoonskamer (de)	dobbeltværelse (i)	['dʌbəltˌvæɡʌlsə]
een kamer reserveren	at booke et værelse	[ʌ 'bukə et 'væɡʌlsə]

halfpension (het)	halvpension (f)	['halˀ paŋ'ɕoˀn]
volpension (het)	helpension (f)	['heˀl paŋ'ɕoˀn]

met badkamer	med badekar	[mɛ 'bæːðəˌkɑ]
met douche	med brusebad	[mɛ 'bʁuːsəˌbað]
satelliet-tv (de)	satellit-tv (i)	[satə'lit 'teˀˌveˀ]
airconditioner (de)	klimaanlæg (i)	['kliːma'anˌlɛˀg]
handdoek (de)	håndklæde (i)	['hʌnˌklɛːðə]
sleutel (de)	nøgle (f)	['nʌjlə]

administrateur (de)	administrator (f)	[aðmini'stʁɑːtʌ]
kamermeisje (het)	stuepige (f)	['stuəˌpiːə]
piccolo (de)	drager (f)	['dʁɑːwʌ]
portier (de)	portier (f)	[pɒ'tje]

restaurant (het)	restaurant (f)	[ʁɛsto'ʁɑŋ]
bar (de)	bar (f)	['bɑˀ]
ontbijt (het)	morgenmad (f)	['mɒːɒnˌmað]
avondeten (het)	aftensmad (f)	['ɑftənsˌmað]
buffet (het)	buffet (f)	[by'fe]

hal (de)	hall, lobby (f)	['hɒːl], ['lʌbi]
lift (de)	elevator (f)	[elə'væːtʌ]

NIET STOREN	VIL IKKE FORSTYRRES	['vel 'ekə fʌ'styɡˀʌs]
VERBODEN TE ROKEN!	RYGNING FORBUDT	['ʁyːneŋ fʌ'byˀð]

22. Bezienswaardigheden

monument (het)	monument (i)	[monu'mɛnˀt]
vesting (de)	fæstning (f)	['fɛstneŋ]
paleis (het)	palads (i)	[pa'las]
kasteel (het)	slot (i), borg (f)	['slʌt], ['bɒˀw]
toren (de)	tårn (i)	['tɒˀn]
mausoleum (het)	mausoleum (i)	[mɑwso'lɛːɔm]

architectuur (de)	arkitektur (f)	[ɑkitɛk'tuɡˀ]
middeleeuws (bn)	middelalderlig	['miðəlˌalˀʌli]
oud (bn)	gammel	['gaməl]
nationaal (bn)	national	[naɕo'næˀl]
bekend (bn)	kendt, berømt	['kɛnˀt], [be'ʁɶmˀt]

toerist (de)	turist (f)	[tu'ʁist]
gids (de)	guide (f)	['gɑjd]
rondleiding (de)	udflugt (f)	['uðˌflɔgt]
tonen (ww)	at vise	[ʌ 'viːsə]
vertellen (ww)	at fortælle	[ʌ fʌ'tɛlˀə]
vinden (ww)	at finde	[ʌ 'fenə]

verdwalen (de weg kwijt zijn)	**at gå vild**	[ʌ gɔʔ 'vilʔ]
plattegrond (~ van de metro)	**kort** (i)	['kɒːt]
plattegrond (~ van de stad)	**kort** (i)	['kɒːt]

souvenir (het)	**souvenir** (f)	[suvə'niːɐ̯]
souvenirwinkel (de)	**souvenirforretning** (f)	[suvə'niːɐ̯ fʌ'ʁatnen]
een foto maken (ww)	**at fotografere**	[ʌ fotogʁa'feʔʌ]
zich laten fotograferen	**at blive fotograferet**	[ʌ 'bliːə fotogʁaː'feʔʌð]

VERVOER

23. Vliegveld

luchthaven (de)	**lufthavn** (f)	['lɔftˌhɑwˀn]
vliegtuig (het)	**fly** (i)	['flyˀ]
luchtvaartmaatschappij (de)	**flyselskab** (i)	['flyˀsɛlˌskæˀb]
luchtverkeersleider (de)	**flyveleder** (f)	['flyːvəˌleːðʌ]
vertrek (het)	**afgang** (f)	['awˌgɑŋˀ]
aankomst (de)	**ankomst** (f)	['anˌkʌmˀst]
aankomen (per vliegtuig)	**at ankomme**	[ʌ 'anˌkʌmˀə]
vertrektijd (de)	**afgangstid** (f)	['awgɑŋsˌtiðˀ]
aankomstuur (het)	**ankomsttid** (f)	['ankʌmˀstˌtið]
vertraagd zijn (ww)	**at blive forsinke**	[ʌ 'bliːə fʌ'senˀkə]
vluchtvertraging (de)	**afgangsforsinkelse** (f)	['awˌgɑŋs fʌ'seŋkəlsə]
informatiebord (het)	**informationstavle** (f)	[enfɔma'ɕons ˌtawlə]
informatie (de)	**information** (f)	[enfɔma'ɕoˀn]
aankondigen (ww)	**at meddele**	[ʌ 'mɛðˌdeˀlə]
vlucht (bijv. KLM ~)	**flight** (f)	['flɑjt]
douane (de)	**told** (f)	['tʌlˀ]
douanier (de)	**toldbetjent** (f)	['tʌl be'tjɛnˀt]
douaneaangifte (de)	**tolddeklaration** (f)	['tʌl deklɑɑˌɕoˀn]
invullen (douaneaangifte ~)	**at udfylde**	[ʌ 'uðˌfylˀə]
een douaneaangifte invullen	**at udfylde** **en tolddeklaration**	[ʌ 'uðˌfylˀə en 'tʌlˀdeklɑɑ'ɕoˀn]
paspoortcontrole (de)	**paskontrol** (f)	['paskɔnˌtʁʌlˀ]
bagage (de)	**bagage** (f)	[ba'gæːɕə]
handbagage (de)	**håndbagage** (f)	['hʌn ba'gæːɕə]
bagagekarretje (het)	**bagagevogn** (f)	[ba'gæːɕəˌvɒwˀn]
landing (de)	**landing** (f)	['lanəŋ]
landingsbaan (de)	**landingsbane** (f)	['lanəŋsˌbæːnə]
landen (ww)	**at lande**	[ʌ 'lanə]
vliegtuigtrap (de)	**trappe** (f)	['tʁɑpə]
inchecken (het)	**check-in** (f)	[tjɛk'en]
incheckbalie (de)	**check-in-skranke** (f)	[tjɛk'enˌskʁɑŋkə]
inchecken (ww)	**at tjekke ind**	[ʌ 'tjɛkə 'enˀ]
instapkaart (de)	**boardingkort** (i)	['bɔːdeŋˌkɔːt]
gate (de)	**gate** (f)	['gɛjt]
transit (de)	**transit** (f)	[tʁɑn'sit]
wachten (ww)	**at vente**	[ʌ 'vɛntə]

wachtzaal (de)	ventesal (f)	['vɛntə‚sæˀl]
begeleiden (uitwuiven)	at vinke farvel	[ʌ 'veŋkə fɑ'vɛl]
afscheid nemen (ww)	at sige farvel	[ʌ 'si: fɑ'vɛl]

24. Vliegtuig

vliegtuig (het)	fly (i)	['fly']
vliegticket (het)	flybillet (f)	['fly bi'lɛt]
luchtvaartmaatschappij (de)	flyselskab (i)	['fly'sɛl‚skæˀb]
luchthaven (de)	lufthavn (f)	['lɔft‚hɑw'n]
supersonisch (bn)	overlyds-	['ɒwʌ‚lyðs-]

gezagvoerder (de)	kaptajn (f)	[kɑp'taj'n]
bemanning (de)	besætning (f)	[be'sɛtneŋ]
piloot (de)	pilot (f)	[pi'loˀt]
stewardess (de)	stewardesse (f)	[stjuɑ'dɛsə]
stuurman (de)	styrmand (f)	['styg̨‚man']

vleugels (mv.)	vinger (f pl)	['veŋʌ]
staart (de)	hale (f)	['hæ:lə]
cabine (de)	cockpit (i)	['kʌk‚pit]
motor (de)	motor (f)	['mo:tʌ]

landingsgestel (het)	landingshjul (i)	['laneŋs‚ju'l]
turbine (de)	turbine (f)	[tug̨'bi:nə]

propeller (de)	propel (f)	[pʁo'pɛl']
zwarte doos (de)	sort boks (f)	['sog̨t 'bʌks]

stuur (het)	rat (i)	['ʁat]
brandstof (de)	brændstof (i)	['bʁan‚stʌf]

veiligheidskaart (de)	sikkerhedsinstruks (f)	['sekʌ‚heðˀ en'stʁuks]
zuurstofmasker (het)	iltmaske (f)	['ilt‚maskə]
uniform (het)	uniform (f)	[uni'fɒˀm]

reddingsvest (de)	redningsvest (f)	['ʁɛðneŋs‚vɛst]
parachute (de)	faldskærm (f)	['fal‚skæg̨ˀm]

opstijgen (het)	start (f)	['stɑˀt]
opstijgen (ww)	at lette	[ʌ 'lɛtə]
startbaan (de)	startbane (f)	['stɑ:t‚bæ:nə]

zicht (het)	sigtbarhed (f)	['segtbɑ‚heðˀ]
vlucht (de)	flyvning (f)	['flywneŋ]

hoogte (de)	højde (f)	['hʌjˀdə]
luchtzak (de)	lufthul (i)	['lɔft‚hɔl]

plaats (de)	plads (f)	['plas]
koptelefoon (de)	hovedtelefoner (f pl)	['ho:əð telə'fo'nʌ]
tafeltje (het)	klapbord (i)	['klɑp‚bo'g̨]
venster (het)	vindue (i)	['vendu]
gangpad (het)	midtergang (f)	['metʌ‚gaŋˀ]

25. Trein

trein (de)	tog (i)	['to'w]
elektrische trein (de)	lokaltog (i)	[lo'kæ'l,to'w]
sneltrein (de)	lyntog, eksprestog (i)	['ly:n,to'w], [ɛks'pʁas,to'w]
diesellocomotief (de)	diesellokomotiv (i)	['di'sel lokomo'tiw']
locomotief (de)	damplokomotiv (i)	['damp lokomo'tiw']

rijtuig (het)	vogn (f)	['vɒw'n]
restauratierijtuig (het)	spisevogn (f)	['spi:se,vɒw'n]

rails (mv.)	skinner (f pl)	['skenʌ]
spoorweg (de)	jernbane (f)	['jæɐ̯'n,bæ:ne]
dwarsligger (de)	svelle (f)	['svɛle]

perron (het)	perron (f)	[pa'ʁʌŋ]
spoor (het)	spor (i)	['spo'ɐ̯]
semafoor (de)	semafor (f)	[sema'fo'ɐ̯]
halte (bijv. kleine treinhalte)	station (f)	[sta'ɕo'n]

machinist (de)	togfører (f)	['tow,fø:ʌ]
kruier (de)	drager (f)	['dʁɑ:wʌ]
conducteur (de)	togbetjent (f)	['tow be'tjɛn't]
passagier (de)	passager (f)	[pasa'ɕe'ɐ̯]
controleur (de)	kontrollør (f)	[kʌntʁo'lø'ɐ̯]

gang (in een trein)	korridor (f)	[kɒi'do'ɐ̯]
noodrem (de)	nødbremse (f)	['nøð,bʁamse]
coupé (de)	kupe, kupé (f)	[ku'pe']
bed (slaapplaats)	køje (f)	['kʌje]
bovenste bed (het)	overkøje (f)	['ɒwʌ,kʌje]
onderste bed (het)	underkøje (f)	['ɔnʌ,kʌje]
beddengoed (het)	sengetøj (i)	['sɛŋe,tʌj]

kaartje (het)	billet (f)	[bi'lɛt]
dienstregeling (de)	køreplan (f)	['kø:ʌ,plæ'n]
informatiebord (het)	informationstavle (f)	[enfɒma'ɕons ,tawle]

vertrekken (De trein vertrekt ...)	at afgå	[ʌ 'aw,gɔ']
vertrek (ov. een trein)	afgang (f)	['aw,gaŋ']
aankomen (ov. de treinen)	at ankomme	[ʌ 'an,kʌm'e]
aankomst (de)	ankomst (f)	['an,kʌm'st]

aankomen per trein	at ankomme med toget	[ʌ 'an,kʌm'e mɛ 'to'weð]
in de trein stappen	at stå på toget	[ʌ 'sti:e pɔ 'to'weð]
uit de trein stappen	at stå af toget	[ʌ 'sti:e a 'to'weð]

treinwrak (het)	togulykke (f)	['tow u,løke]
ontspoord zijn	at afspore	[ʌ 'aw,spo'ʌ]

locomotief (de)	damplokomotiv (i)	['damp lokomo'tiw']
stoker (de)	fyrbøder (f)	['fyɐ̯,bøðʌ]
stookplaats (de)	fyrrum (i)	['fyɐ̯,ʁɔm']
steenkool (de)	kul (i)	['kɔl]

| schip (het) | skib (i) | ['ski'b] |
| vaartuig (het) | fartøj (i) | ['fɑːˌtʌj] |

stoomboot (de)	dampskib (i)	['dɑmpˌski'b]
motorschip (het)	flodbåd (f)	['floðˌbɔ'ð]
lijnschip (het)	cruiseskib (i)	['kʁuːsˌski'b]
kruiser (de)	krydser (f)	['kʁysʌ]

jacht (het)	yacht (f)	['jɑgt]
sleepboot (de)	bugserbåd (f)	[bug'seɡˌbɔ'ð]
duwbak (de)	pram (f)	['pʁɑm']
ferryboot (de)	færge (f)	['fæɡwə]

| zeilboot (de) | sejlbåd (f) | ['sɑjlˌbɔ'ð] |
| brigantijn (de) | brigantine (f) | [bʁigan'tiːnə] |

| IJsbreker (de) | isbryder (f) | ['isˌbʁyðʌ] |
| duikboot (de) | u-båd (f) | ['u'ˌbɔð] |

boot (de)	båd (f)	['bɔ'ð]
sloep (de)	jolle (f)	['jʌlə]
reddingssloep (de)	redningsbåd (f)	['ʁɛðneŋsˌbɔ'ð]
motorboot (de)	motorbåd (f)	['moːtʌˌbɔ'ð]

kapitein (de)	kaptajn (f)	[kɑp'tɑj'n]
zeeman (de)	matros (f)	[ma'tʁo's]
matroos (de)	sømand (f)	['søˌman']
bemanning (de)	besætning (f)	[be'sɛtneŋ]

bootsman (de)	bådsmand (f)	['bɔðsˌman']
scheepsjongen (de)	skibsdreng, jungmand (f)	['skibsˌdʁaŋ'], ['jɔŋˌman']
kok (de)	kok (f)	['kʌk]
scheepsarts (de)	skibslæge (f)	['skibsˌlɛːjə]

dek (het)	dæk (i)	['dɛk]
mast (de)	mast (f)	['mast]
zeil (het)	sejl (i)	['sɑj'l]

ruim (het)	lastrum (i)	['lastˌʁɔm']
voorsteven (de)	bov (f)	['bɒw']
achtersteven (de)	agterende (f)	['ɑgtʌˌʁanə]
roeispaan (de)	åre (f)	['ɒːɒ]
schroef (de)	propel (f)	[pʁo'pɛl']

kajuit (de)	kahyt (f)	[ka'hyt]
officierskamer (de)	officersmesse (f)	[ʌfi'seɡs ˌmɛsə]
machinekamer (de)	maskinrum (i)	[ma'skiːnˌʁɔm']
brug (de)	kommandobro (f)	[kɒ'mandoˌbʁo']
radiokamer (de)	radiorum (i)	['ʁadjoˌʁɔm']
radiogolf (de)	bølge (f)	['bøljə]
logboek (het)	logbog (f)	['lʌgˌbɔ'w]
verrekijker (de)	kikkert (f)	['kikʌt]
klok (de)	klokke (f)	['klʌkə]

vlag (de)	flag (i)	['flæʔj]
kabel (de)	trosse (f)	['tʁʌsə]
knoop (de)	knob (i)	['knoʔb]

trapleuning (de)	håndlister (pl)	['hʌn‚lestʌ]
trap (de)	landgang (f)	['lan‚gaŋʔ]

anker (het)	anker (i)	['aŋkʌ]
het anker lichten	at lette anker	[ʌ 'lɛtə 'aŋkʌ]
het anker neerlaten	at kaste anker	[ʌ 'kastə 'aŋkʌ]
ankerketting (de)	ankerkæde (f)	['aŋkʌ‚kɛːðə]

haven (bijv. containerhaven)	havn (f)	['hawʔn]
kaai (de)	kaj (f)	['kajʔ]
aanleggen (ww)	at fortøje	[ʌ fʌ'tʌjʔə]
wegvaren (ww)	at kaste los	[ʌ 'kastə 'lʌs]

reis (de)	rejse (f)	['ʁajsə]
cruise (de)	krydstogt (i)	['kʁys‚tʌgt]
koers (de)	kurs (f)	['kuɐ̯ʔs]
route (de)	rute (f)	['ʁuːtə]

vaarwater (het)	sejlrende (f)	['sajl‚ʁanə]
zandbank (de)	grund (f)	['gʁɔnʔ]
stranden (ww)	at gå på grund	[ʌ 'gɔʔ pɔ 'gʁɔnʔ]

storm (de)	storm (f)	['stɒʔm]
signaal (het)	signal (i)	[si'næʔl]
zinken (ov. een boot)	at synke	[ʌ 'søŋkə]
Man overboord!	Mand over bord!	['manʔ 'ɒwʌ ‚boʔg̊]
SOS (noodsignaal)	SOS	[ɛsoˈɛs]
reddingsboei (de)	redningskrans (f)	['ʁɛðneŋs‚kʁanʔs]

STAD

27. Stedelijk vervoer

bus, autobus (de)	**bus** (f)	['bus]
tram (de)	**sporvogn** (f)	['spoɡ̊ˌvɒwˀn]
trolleybus (de)	**trolleybus** (f)	['tʁʌliˌbus]
route (de)	**rute** (f)	['ʁuːtə]
nummer (busnummer, enz.)	**nummer** (i)	['nɔmˀʌ]

rijden met ...	**at køre på ...**	[ʌ 'køːʌ 'pɔˀ ...]
stappen (in de bus ~)	**at stå på ...**	[ʌ stɔˀ 'pɔˀ ...]
afstappen (ww)	**at stå af ...**	[ʌ stɔˀ 'æˀ ...]

halte (de)	**stop, stoppested** (i)	['stʌp], ['stʌpəstɛð]
volgende halte (de)	**næste station** (f)	['nɛstə sta'ɕoˀn]
eindpunt (het)	**endestation** (f)	['ɛnəsta'ɕoˀn]
dienstregeling (de)	**køreplan** (f)	['køːʌˌplæˀn]
wachten (ww)	**at vente**	[ʌ 'vɛntə]

kaartje (het)	**billet** (f)	[bi'lɛt]
reiskosten (de)	**billetpris** (f)	[bi'lɛtˌpʁiˀs]

kassier (de)	**kasserer** (f)	[ka'seˀʌ]
kaartcontrole (de)	**billetkontrol** (f)	[bi'lɛt kɔn'tʁʌlˀ]
controleur (de)	**kontrollør** (f)	[kʌntʁo'løˀɐ̯]

te laat zijn (ww)	**at komme for sent**	[ʌ 'kʌmə fʌ 'seˀnt]
missen (de bus ~)	**at komme for sent til ...**	[ʌ 'kʌmə fʌ 'seˀnt tel ...]
zich haasten (ww)	**at skynde sig**	[ʌ 'skønə sɑj]

taxi (de)	**taxi** (f)	['tɑksi]
taxichauffeur (de)	**taxichauffør** (f)	['tɑksi ɕo'føˀɐ̯]
met de taxi (bw)	**i taxi**	[i 'tɑksi]
taxistandplaats (de)	**taxiholdeplads** (f)	['tɑksi 'hʌləˌplas]
een taxi bestellen	**at bestille en taxi**	[ʌ be'stelˀə en 'tɑksi]
een taxi nemen	**at tage en taxi**	[ʌ 'tæˀ en 'tɑksi]

verkeer (het)	**trafik** (f)	[tʁɑ'fik]
file (de)	**trafikprop** (f)	[tʁɑ'fikˌpʁʌp]
spitsuur (het)	**myldretid** (f)	['mylʁʌˌtiðˀ]
parkeren (on.ww.)	**at parkere**	[ʌ pɑ'keˀʌ]
parkeren (ov.ww.)	**at parkere**	[ʌ pɑ'keˀʌ]
parking (de)	**parkeringsplads** (f)	[pɑ'keˀɡ̊eŋsˌplas]

metro (de)	**metro** (f)	['meːtʁo]
halte (bijv. kleine treinhalte)	**station** (f)	[sta'ɕoˀn]
de metro nemen	**at køre med metroen**	[ʌ 'køːʌ mɛ 'metʁoːən]
trein (de)	**tog** (i)	['tɔˀw]
station (treinstation)	**banegård** (f)	['bæːnəˌɡɒˀ]

28. Stad. Het leven in de stad

stad (de)	by (f)	['by⁷]
hoofdstad (de)	hovedstad (f)	['ho:əð‚stað]
dorp (het)	landsby (f)	['lans‚by⁷]

plattegrond (de)	bykort (i)	['by‚kɒ:t]
centrum (ov. een stad)	centrum (i) af byen	['sɛntʁɔm a 'byən]
voorstad (de)	forstad (f)	['fɔ:‚stað]
voorstads- (abn)	forstads-	['fɔ:‚staðs-]

randgemeente (de)	udkant (f)	['uð‚kan⁷t]
omgeving (de)	omegne (f pl)	['ʌm‚ɑj⁷nə]
blok (huizenblok)	kvarter (i)	[kvɑ'te⁷ɐ̯]
woonwijk (de)	boligkvarter (i)	['bo:likvɑ'te⁷ɐ̯]

verkeer (het)	trafik (f)	[tʁɑ'fik]
verkeerslicht (het)	trafiklys (i)	[tʁɑ'fik‚ly⁷s]
openbaar vervoer (het)	offentlig transport (f)	['ʌfəntli tʁɑns'pɒ:t]
kruispunt (het)	kryds (i, f)	['kʁys]

zebrapad (oversteekplaats)	fodgængerovergang (f)	['foðgɛŋʌ 'ɒwʌ‚gɑŋ⁷]
onderdoorgang (de)	gangtunnel (f)	['gɑŋtu‚nɛl⁷]
oversteken (de straat ~)	at gå over	[ʌ gɔ⁷ 'ɒw⁷ʌ]
voetganger (de)	fodgænger (f)	['foð‚gɛŋʌ]
trottoir (het)	fortov (i)	['fɔ:‚tɒw]

brug (de)	bro (f)	['bʁo⁷]
dijk (de)	kaj (f)	['kɑj⁷]
fontein (de)	springvand (i)	['spʁɛŋ‚van⁷]

allee (de)	alle (f)	[a'le⁷]
park (het)	park (f)	['pɑːk]
boulevard (de)	boulevard (f)	[bulə'vɑ⁷d]
plein (het)	torv (i)	['tɒ⁷w]
laan (de)	avenue (f)	[avə'ny]
straat (de)	gade (f)	['gæ:ðə]
zijstraat (de)	sidegade (f)	['si:ðə‚gæ:ðə]
doodlopende straat (de)	blindgyde (f)	['blen⁷‚gy:ðə]

huis (het)	hus (i)	['hu⁷s]
gebouw (het)	bygning (f)	['bygnɛŋ]
wolkenkrabber (de)	skyskraber (f)	['sky‚skʁɑ:bʌ]

gevel (de)	facade (f)	[fa'sæ:ðə]
dak (het)	tag (i)	['tæ⁷j]
venster (het)	vindue (i)	['vendu]
boog (de)	bue (f)	['bu:ə]
pilaar (de)	søjle (f)	['sʌjlə]
hoek (ov. een gebouw)	hjørne (i)	['jœɐ̯nə]

vitrine (de)	udstillingsvinduе (i)	['uð‚stel⁷eŋs 'vendu]
gevelreclame (de)	skilt (i)	['skel⁷t]
affiche (de/het)	plakat (f)	[pla'kæ⁷t]
reclameposter (de)	reklameplakat (f)	[ʁɛ'klæ:mə‚pla'kæ⁷t]

aanplakbord (het)	reklameskilt (i)	[ʁɛ'klæːməˌskelˀt]
vuilnis (de/het)	affald (i)	['awˌfalˀ]
vuilnisbak (de)	skraldespand (f)	['skʁaləˌspan']
afval weggooien (ww)	at smide affald	[ʌ 'smiːðə 'awˌfalˀ]
stortplaats (de)	losseplads (f)	['lʌsəˌplas]

telefooncel (de)	telefonboks (f)	[teləˈfoːnˌbʌks]
straatlicht (het)	lygtepæl (f)	['løgtəˌpɛˀl]
bank (de)	bænk (f)	['bɛŋˀk]

politieagent (de)	politibetjent (f)	[poli'ti be'tjɛnˀt]
politie (de)	politi (i)	[poli'ti']
zwerver (de)	tigger (f)	['tegʌ]
dakloze (de)	hjemløs (f)	['jɛmˌløˀs]

29. Stedelijke instellingen

winkel (de)	forretning (f), butik (f)	[fʌ'ʁatneŋ], [bu'tik]
apotheek (de)	apotek (i)	[apo'teˀk]
optiek (de)	optik (f)	[ʌp'tik]
winkelcentrum (het)	indkøbscenter (i)	['enˌkøˀbs ˌsɛnˀtʌ]
supermarkt (de)	supermarked (i)	['suˀpʌˌmaːkəð]

bakkerij (de)	bageri (i)	[bæjʌ'ʁiˀ]
bakker (de)	bager (f)	['bæːjʌ]
banketbakkerij (de)	konditori (i)	[kʌnditʌ'ʁiˀ]
kruidenier (de)	købmandsbutik (f)	['kømans bu'tik]
slagerij (de)	slagterbutik (f)	['slagtʌ bu'tik]

groentewinkel (de)	grønthandel (f)	['gʁœntˌhanˀəl]
markt (de)	marked (i)	['maːkəð]

koffiehuis (het)	cafe, kaffebar (f)	[ka'feˀ], ['kafəˌbɑˀ]
restaurant (het)	restaurant (f)	[ʁɛsto'ʁaŋ]
bar (de)	ølstue (f)	['ølˌstuːə]
pizzeria (de)	pizzeria (i)	[pidsə'ʁiːa]

kapperssalon (de/het)	frisørsalon (f)	[fʁi'søg saˌlʌŋ]
postkantoor (het)	postkontor (i)	['pʌst kɔn'toˀg̊]
stomerij (de)	renseri (i)	[ʁansʌ'ʁiˀ]
fotostudio (de)	fotoatelier (i)	['foto atəl'je]

schoenwinkel (de)	skotøjsforretning (f)	['skoˌtʌjs fʌ'ʁatneŋ]
boekhandel (de)	boghandel (f)	['bʌwˌhanˀəl]
sportwinkel (de)	sportsforretning (f)	['spɒːts fʌ'ʁatneŋ]

kledingreparatie (de)	reparation (f) af tøj	[ʁɛpʁɑ'ɕoˀn a 'tʌj]
kledingverhuur (de)	udlejning (f) af tøj	['uðˌlajˀneŋ a 'tʌj]
videotheek (de)	filmleje (f)	['filmˌlajə]

circus (de/het)	cirkus (i)	['siɐkus]
dierentuin (de)	zoologisk have (f)	[soo'loˀisk 'hæːvə]
bioscoop (de)	biograf (f)	[bio'gʁɑˀf]
museum (het)	museum (i)	[mu'sɛːɔm]

bibliotheek (de)	bibliotek (i)	[biblio'te²k]
theater (het)	teater (i)	[te'æ²tʌ]
opera (de)	opera (f)	['o²peʁɑ]
nachtclub (de)	natklub (f)	['nat‚klub]
casino (het)	kasino (i)	[ka'si:no]

moskee (de)	moske (f)	[mo'ske²]
synagoge (de)	synagoge (f)	[syna'go:ə]
kathedraal (de)	katedral (f)	[katə'dʁɑ²l]
tempel (de)	tempel (i)	['tɛm²pəl]
kerk (de)	kirke (f)	['kiᶢkə]

instituut (het)	institut (i)	[ensdi'tut]
universiteit (de)	universitet (i)	[univæᶢsi'te²t]
school (de)	skole (f)	['sko:lə]

gemeentehuis (het)	præfektur (i)	[pʁɛfɛk'tuᶢ²]
stadhuis (het)	rådhus (i)	['ʁɔð‚hu²s]
hotel (het)	hotel (i)	[ho'tɛl²]
bank (de)	bank (f)	['bɑŋ²k]

ambassade (de)	ambassade (f)	[ɑmba'sæ:ðə]
reisbureau (het)	rejsebureau (i)	['ʁɑjsə by‚ʁo]
informatieloket (het)	informationskontor (i)	[enfɔma'ᶢons kɔn'to²ᶢ]
wisselkantoor (het)	vekselkontor (i)	['vɛksəl kɔn'to²ᶢ]

| metro (de) | metro (f) | ['me:tʁo] |
| ziekenhuis (het) | sygehus (i) | ['sy:ə‚hu²s] |

| benzinestation (het) | tankstation (f) | ['tɑŋk sta'ᶜ²on] |
| parking (de) | parkeringsplads (f) | [pɑ'ke²ᶢeŋs‚plas] |

30. Borden

gevelreclame (de)	skilt (i)	['skel²t]
opschrift (het)	indskrift (f)	['en‚skʁɛft]
poster (de)	poster (f)	['pɔwstʌ]
wegwijzer (de)	vejviser (f)	['vɑj‚vi:sʌ]
pijl (de)	pil (f)	['pi²l]

waarschuwing (verwittiging)	advarsel (f)	['að‚va:səl]
waarschuwingsbord (het)	advarselsskilt (i)	['að‚va:səls 'skel²t]
waarschuwen (ww)	at advare	[ʌ 'að‚va²a]

vrije dag (de)	fridag (f)	['fʁidæ²]
dienstregeling (de)	køreplan (f)	['kø:ʌ‚plæ²n]
openingsuren (mv.)	åbningstid (f)	['ɔ:bneŋs‚tið²]

WELKOM!	VELKOMMEN!	['vɛl‚kʌm²ən]
INGANG	INDGANG	['en‚gɑŋ²]
UITGANG	UDGANG	['uð‚gɑŋ²]

| DUWEN | TRYK | ['tʁœk] |
| TREKKEN | TRÆK | ['tʁak] |

41

OPEN	ÅBENT	['ɔ:bənt]
GESLOTEN	LUKKET	['lɔkəð]

DAMES	KVINDE	['kvenə]
HEREN	MAND	['man']

KORTING	RABAT	[ʁɑ'bat]
UITVERKOOP	UDSALG	['uðˌsal']
NIEUW!	NYHED!	['nyheð']
GRATIS	GRATIS	['gʁɑ:tis]

PAS OP!	PAS PÅ!	['pas 'pɔ]
VOLGEBOEKT	INGEN LEDIGE	['eŋən 'le:ðiə
	VÆRELSER	'væɡʌlsʌ]
GERESERVEERD	RESERVERET	[ʁɛsæɡ've'ʌð]

ADMINISTRATIE	ADMINISTRATION	[aðministʁɑ'ɕo'n]
ALLEEN VOOR PERSONEEL	KUN FOR PERSONALE	['kɔn fʌ pæɡso'næ:lə]

GEVAARLIJKE HOND	HER VOGTER JEG	['hɛ'ɡ 'vʌgtʌ 'jaj]
VERBODEN TE ROKEN!	RYGNING FORBUDT	['ʁy:neŋ fʌ'by'ð]
NIET AANRAKEN!	MÅ IKKE BERØRES!	[mɔ 'ekə be'ʁœ'ʌs]

GEVAARLIJK	FARLIG	['fɑ:li]
GEVAAR	FARE	['fɑ:ɑ]
HOOGSPANNING	HØJSPÆNDING	['hʌjˌspɛneŋ]
VERBODEN TE ZWEMMEN	BADNING FORBUDT	['bæ:ðneŋ fʌ'by'ð]
BUITEN GEBRUIK	UDE AF DRIFT	['u:ðə a 'dʁɛft]

ONTVLAMBAAR	BRANDFARLIG	['bʁɑnˌfɑ:li]
VERBODEN	FORBUDT	[fʌ'by't]
DOORGANG VERBODEN	ADGANG FORBUDT	['aðˌgɑŋ' fʌ'by'ð]
OPGELET PAS GEVERFD	NYMALET	['nyˌmæ'ləð]

31. Winkelen

kopen (ww)	at købe	[ʌ 'kø:bə]
aankoop (de)	indkøb (i)	['enˌkø'b]
winkelen (ww)	at gå på indkøb	[ʌ gɔ' pɔ 'enˌkø'b]
winkelen (het)	shopping (f)	['ɕʌpeŋ]

open zijn (ov. een winkel, enz.)	at være åben	[ʌ 'vɛ:ʌ 'ɔ:bən]
gesloten zijn (ww)	at være lukket	[ʌ 'vɛ:ʌ 'lɔkəð]

schoeisel (het)	sko (f)	['sko']
kleren (mv.)	klæder (i pl)	['klɛ:ðʌ]
cosmetica (de)	kosmetik (f)	[kʌsmə'tik]
voedingswaren (mv.)	madvarer (f pl)	['maðvɑ:ʌ]
geschenk (het)	gave (f)	['gæ:və]

verkoper (de)	sælger (f)	['sɛljʌ]
verkoopster (de)	sælger (f)	['sɛljʌ]

kassa (de)	**kasse** (f)	['kasə]
spiegel (de)	**spejl** (i)	['spɑjˀl]
toonbank (de)	**disk** (f)	['disk]
paskamer (de)	**prøverum** (i)	['pʁœːwəˌʁɔmˀ]

aanpassen (ww)	**at prøve**	[ʌ 'pʁœːwə]
passen (ov. kleren)	**at passe**	[ʌ 'pasə]
bevallen (prettig vinden)	**at kunne lide**	[ʌ 'kunə 'liːðə]

prijs (de)	**pris** (f)	['pʁiˀs]
prijskaartje (het)	**prismærke** (i)	['pʁisˌmæɐ̯kə]
kosten (ww)	**at koste**	[ʌ 'kʌstə]
Hoeveel?	**Hvor meget?**	[vɒˀ 'maɑð]
korting (de)	**rabat** (f)	[ʁa'bat]

niet duur (bn)	**billig**	['bili]
goedkoop (bn)	**billig**	['bili]
duur (bn)	**dyr**	['dyɐ̯ˀ]
Dat is duur.	**Det er dyrt**	[de 'æɐ̯ 'dyɐ̯ˀt]

verhuur (de)	**leje** (f)	['lɑjə]
huren (smoking, enz.)	**at leje**	[ʌ 'lɑjə]
krediet (het)	**kredit** (f)	[kʁɛ'dit]
op krediet (bw)	**på kredit**	[pɔ kʁɛ'dit]

KLEDING EN ACCESSOIRES

32. Bovenkleding. Jassen

kleren (mv.), kleding (de)	tøj (i), klæder (i pl)	['tʌj], ['klɛ:ðʌ]
bovenkleding (de)	overtøj (i)	['ɔwʌˌtʌj]
winterkleding (de)	vintertøj (i)	['ventʌˌtʌj]
jas (de)	frakke (f)	['fʁakə]
bontjas (de)	pels (f), pelskåbe (f)	['pɛlˀs], ['pɛlsˌkɔ:bə]
bontjasje (het)	pelsjakke (f)	['pɛlsˌjakə]
donzen jas (de)	dynejakke (f)	['dy:nəjakə]
jasje (bijv. een leren ~)	jakke (f)	['jakə]
regenjas (de)	regnfrakke (f)	['ʁajnˌfʁakə]
waterdicht (bn)	vandtæt	['vanˌtɛt]

33. Heren & dames kleding

overhemd (het)	skjorte (f)	['skjoɐ̯tə]
broek (de)	bukser (pl)	['boksʌ]
jeans (de)	jeans (pl)	['dji:ns]
colbert (de)	jakke (f)	['jakə]
kostuum (het)	jakkesæt (i)	['jakəˌsɛt]
jurk (de)	kjole (f)	['kjo:lə]
rok (de)	nederdel (f)	['neðʌˌdeˀl]
blouse (de)	bluse (f)	['blu:sə]
wollen vest (de)	strikket trøje (f)	['stʁɛkəð 'tʁʌjə]
blazer (kort jasje)	blazer (f)	['blɛjsʌ]
T-shirt (het)	t-shirt (f)	['ti:ˌɕœ:t]
shorts (mv.)	shorts (pl)	['ɕɒ:ts]
trainingspak (het)	træningsdragt (f)	['tʁɛ:neŋsˌdʁagt]
badjas (de)	badekåbe (f)	['bæ:ðəˌkɔ:bə]
pyjama (de)	pyjamas (f)	[py'jæ:mas]
sweater (de)	sweater (f)	['swɛtʌ]
pullover (de)	pullover (f)	[pul'ɔwʌ]
gilet (het)	vest (f)	['vɛst]
rokkostuum (het)	kjolesæt (i)	['kjo:ləˌsɛt]
smoking (de)	smoking (f)	['smo:keŋ]
uniform (het)	uniform (f)	[uni'fɒˀm]
werkkleding (de)	arbejdstøj (i)	['ɑːbajdsˌtʌj]
overall (de)	kedeldragt, overall (f)	['keðəlˌdʁagt], ['ɔwɒˌɒ:l]
doktersjas (de)	kittel (f)	['kitəl]

34. Kleding. Ondergoed

ondergoed (het)	undertøj (i)	['ɔnʌˌtʌj]
herenslip (de)	boxershorts (pl)	['bʌgsʌˌɕɒːts]
slipjes (mv.)	trusser (pl)	['tʁusʌ]
onderhemd (het)	undertrøje (f)	['ɔnʌˌtʁʌjə]
sokken (mv.)	sokker (f pl)	['sʌkʌ]
nachthemd (het)	natkjole (f)	['natˌkjoːlə]
beha (de)	bh (f), brystholder (f)	[be'hɔˀ], ['bʁœstˌhʌlˀʌ]
kniekousen (mv.)	knæstrømper (f pl)	['knɛˌstʁœmpʌ]
panty (de)	strømpebukser (pl)	['stʁœmbəˌbɔksʌ]
nylonkousen (mv.)	strømper (f pl)	['stʁœmpʌ]
badpak (het)	badedragt (f)	['bæːðəˌdʁagt]

35. Hoofddeksels

hoed (de)	hue (f)	['huːə]
deukhoed (de)	hat (f)	['hat]
honkbalpet (de)	baseballkasket (f)	['bɛjsˌbɒːl ka'skɛt]
kleppet (de)	kasket (f)	[ka'skɛt]
baret (de)	baskerhue (f)	['bɑːskʌˌhuːə]
kap (de)	hætte (f)	['hɛtə]
panamahoed (de)	panamahat (f)	['panˀamaˌhat]
gebreide muts (de)	strikhue (f)	['stʁɛkˌhuə]
hoofddoek (de)	tørklæde (i)	['tœɐ̯ˌklɛːðə]
dameshoed (de)	hat (f)	['hat]
veiligheidshelm (de)	hjelm (f)	['jɛlˀm]
veldmuts (de)	skråhue (f)	['skʁʌˌhuːə]
helm, valhelm (de)	hjelm (f)	['jɛlˀm]
bolhoed (de)	bowlerhat (f)	['bɔwlʌˌhat]
hoge hoed (de)	høj hat (f)	['hʌj 'hat]

36. Schoeisel

schoeisel (het)	sko (f)	['skoˀ]
schoenen (mv.)	støvler (f pl)	['stœwlʌ]
vrouwenschoenen (mv.)	damesko (f pl)	['dæːməˌskoː]
laarzen (mv.)	støvler (f pl)	['stœwlʌ]
pantoffels (mv.)	hjemmesko (f pl)	['jɛməˌskoˀ]
sportschoenen (mv.)	tennissko, kondisko (f pl)	['tɛnisˌskoˀ], ['kʌndiˌskoˀ]
sneakers (mv.)	kanvas sko (f pl)	['kanvas ˌskoˀ]
sandalen (mv.)	sandaler (f pl)	[san'dæˀlʌ]
schoenlapper (de)	skomager (f)	['skoˌmæˀjʌ]
hiel (de)	hæl (f)	['hɛˀl]

paar (een ~ schoenen)	par (i)	['pɑ]
veter (de)	snøre (f)	['snœːʌ]
rijgen (schoenen ~)	at snøre	[ʌ 'snœːʌ]
schoenlepel (de)	skohorn (i)	['skoˌhoɐ̯'n]
schoensmeer (de/het)	skocreme (f)	['skoˌkʁɛ'm]

37. Persoonlijke accessoires

handschoenen (mv.)	handsker (f pl)	['hanskʌ]
wanten (mv.)	vanter (f pl)	['van'tʌ]
sjaal (fleece ~)	halstørklæde (i)	['hals 'tœɐ̯ˌklɛːðə]

bril (de)	briller (pl)	['bʁɛlʌ]
brilmontuur (het)	brillestel (i)	['bʁɛləˌstɛl']
paraplu (de)	paraply (f)	[pɑɑ'ply']
wandelstok (de)	stok (f)	['stʌk]
haarborstel (de)	hårbørste (f)	['hɔˌbœɐ̯stə]
waaier (de)	vifte (f)	['veftə]

das (de)	slips (i)	['sleps]
strikje (het)	butterfly (f)	['bʌtʌˌflɑj]
bretels (mv.)	seler (f pl)	['seːlʌ]
zakdoek (de)	lommetørklæde (i)	['lʌməˌtœɐ̯klɛːðə]

kam (de)	kam (f)	['kɑm']
haarspeldje (het)	hårspænde (i)	['hɔːˌspɛnə]
schuifspeldje (het)	hårnål (f)	['hɔːˌnɔ'l]
gesp (de)	spænde (i)	['spɛnə]

| broekriem (de) | bælte (i) | ['bɛltə] |
| draagriem (de) | rem (f) | ['ʁam'] |

handtas (de)	taske (f)	['taskə]
damestas (de)	dametaske (f)	['dæːmeːˌtaskə]
rugzak (de)	rygsæk (f)	['ʁœgˌsɛk]

38. Kleding. Diversen

mode (de)	mode (f)	['moːðə]
de mode (bn)	moderigtig	['moːðəˌʁɛgti]
kledingstilist (de)	modedesigner (f)	['moːðə de'sɑjnʌ]

kraag (de)	krave (f)	['kʁɑːvə]
zak (de)	lomme (f)	['lʌmə]
zak- (abn)	lomme-	['lʌmə-]
mouw (de)	ærme (i)	['æɐmə]
lusje (het)	strop (f)	['stʁʌp]
gulp (de)	gylp (f)	['gyl'p]

rits (de)	lynlås (f)	['lynˌlɔ's]
sluiting (de)	hægte, lukning (f)	['hɛgtə], ['lɔknəŋ]
knoop (de)	knap (f)	['knɑp]

| knoopsgat (het) | knaphul (i) | ['knɑpˌhɔl] |
| losraken (bijv. knopen) | at falde af | [ʌ 'falə 'æˀ] |

naaien (kleren, enz.)	at sy	[ʌ syˀ]
borduren (ww)	at brodere	[ʌ bʁo'deˀʌ]
borduursel (het)	broderi (i)	[bʁodʌ'ʁiˀ]
naald (de)	synål (f)	['syˌnɔˀl]
draad (de)	tråd (f)	['tʁɔˀð]
naad (de)	søm (f)	['sœmˀ]

vies worden (ww)	at smudse sig til	[ʌ 'smusə sɑ 'tel]
vlek (de)	plet (f)	['plɛt]
gekreukt raken (ov. kleren)	at blive krøllet	[ʌ 'bliːə 'kʁœləð]
scheuren (ov.ww.)	at rive	[ʌ 'ʁiːvə]
mot (de)	møl (i)	['møl]

39. Persoonlijke verzorging. Schoonheidsmiddelen

tandpasta (de)	tandpasta (f)	['tanˌpasta]
tandenborstel (de)	tandbørste (f)	['tanˌbœʁstə]
tanden poetsen (ww)	at børste tænder	[ʌ 'bœʁstə 'tɛnʌ]

scheermes (het)	skraber (f)	['skʁɑːbʌ]
scheerschuim (het)	barbercreme (f)	[bɑ'beˀɡˌkʁɛˀm]
zich scheren (ww)	at barbere sig	[ʌ bɑ'beˀʌ sɑj]

| zeep (de) | sæbe (f) | ['sɛːbə] |
| shampoo (de) | shampoo (f) | ['ɕæːmˌpuː] |

schaar (de)	saks (f)	['sɑks]
nagelvijl (de)	neglefil (f)	['najləˌfiˀl]
nagelknipper (de)	neglesaks (f)	['najləˌsɑks]
pincet (het)	pincet (f)	[pen'sɛt]

cosmetica (de)	kosmetik (f)	[kʌsmə'tik]
masker (het)	ansigtsmaske (f)	['ansegts 'maskə]
manicure (de)	manicure (f)	[mani'kyːʌ]
manicure doen	at få manicure	[ʌ 'fɔˀ mani'kyːʌ]
pedicure (de)	pedicure (f)	[pedi'kyːʌ]

cosmetica tasje (het)	kosmetiktaske (f)	[kʌsmə'tikˌtaskə]
poeder (de/het)	pudder (i)	['puðˀʌ]
poederdoos (de)	pudderdåse (f)	['puðʌˌdɔːsə]
rouge (de)	rouge (f)	['ʁuːɕ]

parfum (de/het)	parfume (f)	[pɑ'fyːmə]
eau de toilet (de)	eau de toilette (f)	[ˌodətoa'lɛt]
lotion (de)	lotion (f)	['lowɕən]
eau de cologne (de)	eau de cologne (f)	[odəko'lʌnjə]

oogschaduw (de)	øjenskygge (f)	['ʌjənˌskygə]
oogpotlood (het)	eyeliner (f)	['ɑːjˌlajnʌ]
mascara (de)	mascara (f)	[ma'skɑːa]
lippenstift (de)	læbestift (f)	['lɛːbəˌsteft]

nagellak (de)	neglelak (f)	['najlə,lak]
haarlak (de)	hårspray (f)	['hɒ:ˌspʁɛj]
deodorant (de)	deodorant (f)	[deodo'ʁanˀt]

crème (de)	creme (f)	['kʁɛˀm]
gezichtscrème (de)	ansigtscreme (f)	['ansegts 'kʁɛˀm]
handcrème (de)	håndcreme (f)	['hʌn,kʁɛˀm]
antirimpelcrème (de)	antirynke creme (f)	[antə'ʁœŋkə 'kʁɛˀm]
dagcrème (de)	dagcreme (f)	['daw,kʁɛˀm]
nachtcrème (de)	natcreme (f)	['nat,kʁɛˀm]
dag- (abn)	dag-	['daw-]
nacht- (abn)	nat-	['nat-]

tampon (de)	tampon (f)	[tam'pʌn]
toiletpapier (het)	toiletpapir (i)	[toa'lɛt pa'piɐ̯ˀ]
föhn (de)	hårtørrer (f)	['hɒ:ˌtœɐ̯ʌ]

40. Horloges. Klokken

polshorloge (het)	armbåndsur (i)	['ɑ:mbʌnsˌuɐ̯ˀ]
wijzerplaat (de)	urskive (f)	['uɐ̯ˌski:və]
wijzer (de)	viser (f)	['vi:sʌ]
metalen horlogeband (de)	armbånd (i)	['ɑ:mˌbʌnˀ]
horlogebandje (het)	urrem (f)	['uɐ̯ˌʁamˀ]

batterij (de)	batteri (i)	[batʌ'ʁiˀ]
leeg zijn (ww)	at blive afladet	[ʌ 'bli:ə 'aw,læˀðəð]
batterij vervangen	at skifte et batteri	[ʌ 'skiftə et batʌ'ʁiˀ]
voorlopen (ww)	at gå for hurtigt	[ʌ gɔˀ fʌ 'hoɐ̯tit]
achterlopen (ww)	at gå for langsomt	[ʌ gɔˀ fʌ 'laŋˌsʌmt]

wandklok (de)	vægur (i)	['vɛ:gˌuɐ̯ˀ]
zandloper (de)	timeglas (i)	['ti:məˌglas]
zonnewijzer (de)	solur (i)	['so:lˌuɐ̯ˀ]
wekker (de)	vækkur (i)	['vɛkəˌuɐ̯ˀ]
horlogemaker (de)	urmager (f)	['uɐ̯ˌmæˀjʌ]
repareren (ww)	at reparere	[ʌ ʁɛpə'ʁɛˀʌ]

ALLEDAAGSE ERVARING

41. Geld

geld (het)	penge (pl)	['pɛŋə]
ruil (de)	veksling (f)	['vɛkslɛŋ]
koers (de)	kurs (f)	['kuɐ̯'s]
geldautomaat (de)	pengeautomat (f)	['pɛŋə ɑwto'mæ'ʔt]
muntstuk (de)	mønt (f)	['mønʔt]
dollar (de)	dollar (f)	['dʌlʌ]
euro (de)	euro (f)	['œwʁo]
lire (de)	lire (f)	['liːʌ]
Duitse mark (de)	mark (f)	['mɑːk]
frank (de)	franc (f)	['fʁɑŋʔk]
pond sterling (het)	engelske pund (i)	['ɛŋ'əlskə punʔ]
yen (de)	yen (f)	['jɛn]
schuld (geldbedrag)	gæld (f)	['gɛlʔ]
schuldenaar (de)	skyldner (f)	['skylnʌ]
uitlenen (ww)	at låne ud	[ʌ 'loːnə ˌuðʔ]
lenen (geld ~)	at låne	[ʌ 'loːnə]
bank (de)	bank (f)	['bɑŋʔk]
bankrekening (de)	konto (f)	['kʌnto]
storten (ww)	at indsætte	[ʌ 'enˌsɛtə]
op rekening storten	at sætte ind på kontoen	[ʌ 'sɛtə 'enʔ pɔ 'kʌntoːən]
opnemen (ww)	at hæve fra kontoen	[ʌ 'hɛːvə fʁɑ 'kʌntoːən]
kredietkaart (de)	kreditkort (i)	[kʁɛ'dit kɔːt]
baar geld (het)	kontanter (pl)	[kɔn'tanʔtʌ]
cheque (de)	check (f)	['ɕɛk]
een cheque uitschrijven	at skrive en check	[ʌ 'skʁiːvə en 'ɕɛk]
chequeboekje (het)	checkhæfte (i)	['ɕɛkˌhɛftə]
portefeuille (de)	tegnebog (f)	['tɑjnəˌbɔ'w]
geldbeugel (de)	pung (f)	['pɔŋʔ]
safe (de)	pengeskab (i)	['pɛŋəˌskæ'b]
erfgenaam (de)	arving (f)	['ɑːveŋ]
erfenis (de)	arv (f)	['ɑ'w]
fortuin (het)	formue (f)	['fɔːˌmuːə]
huur (de)	leje (f)	['lɑjə]
huurprijs (de)	husleje (f)	['husˌlɑjə]
huren (huis, kamer)	at leje	[ʌ 'lɑjə]
prijs (de)	pris (f)	['pʁi's]
kostprijs (de)	omkostning (f)	['ʌmˌkʌstnɛŋ]

som (de)	sum (f)	['sɔmˀ]
uitgeven (geld besteden)	at bruge	[ʌ 'bʁuːə]
kosten (mv.)	udgifter (f pl)	['uð͵giftʌ]
bezuinigen (ww)	at spare	[ʌ 'spɑːɑ]
zuinig (bn)	sparsommelig	[spɑ'sʌmˀəli]

betalen (ww)	at betale	[ʌ be'tæˀlə]
betaling (de)	betaling (f)	[be'tæˀlen]
wisselgeld (het)	byttepenge (pl)	['bytə͵pɛŋə]

belasting (de)	skat (f)	['skat]
boete (de)	bøde (f)	['bøːðə]
beboeten (bekeuren)	at give bødestraf	[ʌ 'giˀ 'bøːðə͵stʁaf]

42. Post. Postkantoor

postkantoor (het)	postkontor (i)	['pʌst kɔn'toˀɐ̯]
post (de)	post (f)	['pʌst]
postbode (de)	postbud (i)	['pʌst͵buð]
openingsuren (mv.)	åbningstid (f)	['ɔ:bnɛŋs͵tiðˀ]

brief (de)	brev (i)	['bʁɛwˀ]
aangetekende brief (de)	rekommanderet brev (i)	[ʁɛkɔman'deˀʌð 'bʁɛwˀ]
briefkaart (de)	postkort (i)	['pʌst͵kɒːt]
telegram (het)	telegram (i)	[telə'gʁam ˀ]
postpakket (het)	postpakke (f)	['pʌst͵pakə]
overschrijving (de)	pengeoverførsel (f)	['pɛŋə 'ɒwʌ͵føɐ̯ˀsəl]

ontvangen (ww)	at modtage	[ʌ 'moð͵tæˀ]
sturen (zenden)	at sende	[ʌ 'sɛnə]
verzending (de)	afsendelse (f)	['aw͵sɛnˀəlsə]
adres (het)	adresse (f)	[a'dʁasə]
postcode (de)	postnummer (i)	['pʌst͵nɔmˀʌ]
verzender (de)	afsender (f)	['aw͵sɛnˀʌ]
ontvanger (de)	modtager (f)	['moð͵tæˀjʌ]

naam (de)	fornavn (i)	['fɒ:͵nawˀn]
achternaam (de)	efternavn (i)	['ɛftʌ͵nawˀn]
tarief (het)	tarif (f)	[ta'ʁif]
standaard (bn)	vanlig	['væˀnli]
zuinig (bn)	økonomisk	[øko'noˀmisk]

gewicht (het)	vægt (f)	['vɛgt]
afwegen (op de weegschaal)	at veje	[ʌ 'vajə]
envelop (de)	konvolut, kuvert (f)	[kɔnvo'lut], [ku'væɐ̯t]
postzegel (de)	frimærke (i)	['fʁi͵mæɐ̯kə]
een postzegel plakken op	at frankere	[ʌ fʁaŋ'keˀʌ]

43. Bankieren

| bank (de) | bank (f) | ['baŋˀk] |
| bankfiliaal (het) | afdeling (f) | ['aw͵deˀleŋ] |

| bankbediende (de) | konsulent (f) | [kʌnsu'lɛnˀt] |
| manager (de) | forretningsfører (f) | [fʌ'ʁatneŋsˌføːʌ] |

bankrekening (de)	bankkonto (f)	['baŋˀkˌkʌnto]
rekeningnummer (het)	kontonummer (i)	['kʌntoˌnɔmˀʌ]
lopende rekening (de)	checkkonto (f)	['ɕɛkˌkʌnto]
spaarrekening (de)	opsparingskonto (f)	['ʌpˌspaˀeŋs ˌkʌnto]

een rekening openen	at åbne en konto	[ʌ 'ɔːbnə en 'kʌnto]
de rekening sluiten	at lukke kontoen	[ʌ 'lɔkə 'kʌntoːən]
op rekening storten	at sætte ind på kontoen	[ʌ 'sɛtə 'enˀ pɔ 'kʌntoːən]
opnemen (ww)	at hæve fra kontoen	[ʌ 'hɛːvə fʁa 'kʌntoːən]

storting (de)	indskud (i)	['enˌskuð]
een storting maken	at indsætte	[ʌ 'enˌsɛtə]
overschrijving (de)	overførelse (f)	['ɔwʌˌføːʌlsə]
een overschrijving maken	at overføre	[ʌ 'ɔwʌˌføˀʌ]

| som (de) | sum (f) | ['sɔmˀ] |
| Hoeveel? | Hvor meget? | [vɒˀ 'maɑð] |

| handtekening (de) | signatur, underskrift (f) | [sina'tuɐ̯ˀ], ['ɔnʌˌskʁɛft] |
| ondertekenen (ww) | at underskrive | [ʌ 'ɔnʌˌskʁiˀvə] |

kredietkaart (de)	kreditkort (i)	[kʁɛ'dit kɒːt]
code (de)	kode (f)	['koːðə]
kredietkaartnummer (het)	kreditkortnummer (i)	[kʁɛ'dit kɒːt 'nɔmˀʌ]
geldautomaat (de)	pengeautomat (f)	['pɛŋə awto'mæˀt]

cheque (de)	check (f)	['ɕɛk]
een cheque uitschrijven	at skrive en check	[ʌ 'skʁiːvə en 'ɕɛk]
chequeboekje (het)	checkhæfte (i)	['ɕɛkˌhɛftə]

lening, krediet (de)	lån (i)	['lɔˀn]
een lening aanvragen	at ansøge om lån	[ʌ 'anˌsøːə ɒm 'lɔˀn]
een lening nemen	at få et lån	[ʌ 'fɔˀ et 'lɔˀn]
een lening verlenen	at yde et lån	[ʌ 'yːðə et 'lɔˀn]
garantie (de)	garanti (f)	[gaɑn'tiˀ]

44. Telefoon. Telefoongesprek

telefoon (de)	telefon (f)	[telə'foˀn]
mobieltje (het)	mobiltelefon (f)	[mo'bil telə'foˀn]
antwoordapparaat (het)	telefonsvarer (f)	[telə'foːnˌsvɑːɑ]

| bellen (ww) | at ringe | [ʌ 'ʁɛŋə] |
| belletje (telefoontje) | telefonsamtale (f) | [telə'foːn 'samˌtæːlə] |

een nummer draaien	at taste et nummer	[ʌ 'tastə et 'nɔmˀʌ]
Hallo!	Hallo!	[ha'lo]
vragen (ww)	at spørge	[ʌ 'spœɐ̯ʌ]
antwoorden (ww)	at svare	[ʌ 'svɑːɑ]
horen (ww)	at høre	[ʌ 'høːʌ]
goed (bw)	godt	['gʌt]

| slecht (bw) | dårligt | ['dɔ:lit] |
| storingen (mv.) | støj (f) | ['stʌjˀ] |

hoorn (de)	telefonrør (i)	[telə'fo:nˌʁœˀɡ̊]
opnemen (ww)	at tage telefonen	[ʌ 'tæˀ telə'foˀnən]
ophangen (ww)	at lægge på	[ʌ 'lɛɡə pɔˀ]

bezet (bn)	optaget	['ʌpˌtæˀj]
overgaan (ww)	at ringe	[ʌ 'ʁɛŋə]
telefoonboek (het)	telefonbog (f)	[tele'fo:nˌboˀw]

lokaal (bn)	lokal-	[lo'kæl-]
lokaal gesprek (het)	lokalopkald (i)	[lo'kæˀl 'ʌpˌkalˀ]
interlokaal (bn)	fjern-	['fjæɡ̊n-]
interlokaal gesprek (het)	fjernopkald (i)	['fjæɡ̊n 'ʌpˌkalˀ]
buitenlands (bn)	international	['entʌnaɕoˌnæˀl]
buitenlands gesprek (het)	internationalt opkald (i)	['entʌnaɕoˌnæˀlt 'ʌpˌkalˀ]

45. Mobiele telefoon

mobieltje (het)	mobiltelefon (f)	[mo'bil telə'foˀn]
scherm (het)	skærm (f)	['skæɡ̊ˀm]
toets, knop (de)	knap (f)	['knap]
simkaart (de)	SIM-kort (i)	['semˌkɔ:t]

batterij (de)	batteri (i)	[batʌ'ʁiˀ]
leeg zijn (ww)	at blive afladet	[ʌ 'bli:ə 'awˌlæˀðəð]
acculader (de)	oplader (f)	['ʌplˌlæˀðʌ]

menu (het)	menu (f)	[me'ny]
instellingen (mv.)	indstillinger (f pl)	['enˌstelˀeŋʌ]
melodie (beltoon)	melodi (f)	[melo'diˀ]
selecteren (ww)	at vælge	[ʌ 'vɛljə]

rekenmachine (de)	lommeregner (f)	['lʌməˌʁajnʌ]
voicemail (de)	telefonsvarer (f)	[telə'fo:nˌsvɑ:ɑ]
wekker (de)	vækkeur (i)	['vɛkˌuɡ̊ˀ]
contacten (mv.)	kontakter (f pl)	[kɔn'taktʌ]

| SMS-bericht (het) | SMS (f) | [ɛsɛm'ɛs] |
| abonnee (de) | abonnent (f) | [abo'nɛnˀt] |

46. Schrijfbehoeften

| balpen (de) | kuglepen (f) | ['ku:ləˌpɛnˀ] |
| vulpen (de) | fyldepen (f) | ['fyləˌpɛnˀ] |

potlood (het)	blyant (f)	['bly:ˌanˀt]
marker (de)	mærkepen (f)	[mɑ'køɡ̊ˌpɛnˀ]
viltstift (de)	tuschpen (f)	['tuɕˌpɛnˀ]
notitieboekje (het)	notesblok (f)	['no:təsˌblʌk]
agenda (boekje)	dagbog (f)	['dɑwˌboˀw]

liniaal (de/het)	lineal (f)	[line'æ'l]
rekenmachine (de)	regnemaskine (f)	['ʁajnə ma'ski:nə]
gom (de)	viskelæder (i)	['veskə‿lɛð'ʌ]
punaise (de)	tegnestift (f)	['tajnə‿steft]
paperclip (de)	clips (i)	['klɛps]

lijm (de)	lim (f)	['li'm]
nietmachine (de)	hæftemaskine (f)	['hɛfta ma'ski:nə]
perforator (de)	hullemaskine (f)	['hɔlə ma'ski:nə]
potloodslijper (de)	blyantspidser (f)	['bly:ant‿spesʌ]

47. Vreemde talen

taal (de)	sprog (i)	['spʁɔ'w]
vreemd (bn)	fremmed-	['fʁaməð-]
vreemde taal (de)	fremmedsprog (i)	['fʁaməð'spʁɔ'w]
leren (bijv. van buiten ~)	at studere	[ʌ stu'de'ʌ]
studeren (Nederlands ~)	at lære	[ʌ 'lɛ:ʌ]

lezen (ww)	at læse	[ʌ 'lɛ:sə]
spreken (ww)	at tale	[ʌ 'tæ:lə]
begrijpen (ww)	at forstå	[ʌ fʌ'stɔ']
schrijven (ww)	at skrive	[ʌ 'skʁi:və]

snel (bw)	hurtigt	['hoʁtit]
langzaam (bw)	langsomt	['laŋ‿sʌmt]
vloeiend (bw)	flydende	['fly:ðənə]

regels (mv.)	regler (f pl)	['ʁɛjlʌ]
grammatica (de)	grammatik (f)	[gʁama'tik]
vocabulaire (het)	ordforråd (i)	['oɐ̯fɔ‿ʁɔ'ð]
fonetiek (de)	fonetik (f)	[fonə'tik]

leerboek (het)	lærebog (f)	['lɛ:ʌ‿bɔ'w]
woordenboek (het)	ordbog (f)	['oɐ̯‿bɔ'w]
leerboek (het) voor zelfstudie	lærebog (f) til selvstudium	['lɛ:ʌ‿bɔ'w tel 'sɛl‿stu'djom]
taalgids (de)	parlør (f)	[pɑ'lœ:ɐ̯]

cassette (de)	kassette (f)	[ka'sɛtə]
videocassette (de)	videokassette (f)	['vi'djo ka'sɛtə]
CD (de)	cd (f)	[se'de']
DVD (de)	dvd (f)	[deve'de']

alfabet (het)	alfabet (i)	[alfa'be't]
spellen (ww)	at stave	[ʌ 'stæ:və]
uitspraak (de)	udtale (f)	['uð‿tæ:lə]

accent (het)	accent (f)	[ak'saŋ]
met een accent (bw)	med accent	[mɛ ak'saŋ]
zonder accent (bw)	uden accent	['uðən ak'saŋ]

woord (het)	ord (i)	['o'ɐ̯]
betekenis (de)	betydning (f)	[be'tyð'nen]
cursus (de)	kursus (i)	['kuɐ̯sʌ]

| zich inschrijven (ww) | **at indmelde sig** | [ʌ 'enl,mɛl'ə sɑj] |
| leraar (de) | **lærer** (f) | ['lɛ:ʌ] |

vertaling (een ~ maken)	**oversættelse** (f)	['ɒwʌ,sɛtəlsə]
vertaling (tekst)	**oversættelse** (f)	['ɒwʌ,sɛtəlsə]
vertaler (de)	**oversætter** (f)	['ɒwʌ,sɛtʌ]
tolk (de)	**tolk** (f)	['tʌl'k]

| polyglot (de) | **polyglot** (f) | [poly'glʌt] |
| geheugen (het) | **hukommelse** (f) | [hu'kʌm'əlsə] |

MAALTIJDEN. RESTAURANT

48. Tafelschikking

lepel (de)	ske (f)	['ske']
mes (het)	kniv (f)	['kniw']
vork (de)	gaffel (f)	['gɑfəl]
kopje (het)	kop (f)	['kʌp]
bord (het)	tallerken (f)	[ta'læɐ̯kən]
schoteltje (het)	underkop (f)	['ɔnʌ,kʌp]
servet (het)	serviet (f)	[sæɐ̯vi'ɛt]
tandenstoker (de)	tandstikker (f)	['tan,stekʌ]

49. Restaurant

restaurant (het)	restaurant (f)	[ʁɛsto'ʁɑŋ]
koffiehuis (het)	cafe, kaffebar (f)	[ka'fe'], ['kɑfə,bɑ']
bar (de)	bar (f)	['bɑ']
tearoom (de)	tesalon (f)	['te'sa'lʌŋ]
kelner, ober (de)	tjener (f)	['tjɛːnʌ]
serveerster (de)	servitrice (f)	[sæɐ̯vi'tʁiːsə]
barman (de)	bartender (f)	['bɑː,tɛndʌ]
menu (het)	menu (f)	[me'ny]
wijnkaart (de)	vinkort (i)	['viːn,kɔːt]
een tafel reserveren	at bestille et bord	[ʌ be'stel'ə ed 'boʹɐ̯]
gerecht (het)	ret (f)	['ʁat]
bestellen (eten ~)	at bestille	[ʌ be'stel'ə]
een bestelling maken	at bestille	[ʌ be'stel'ə]
aperitief (de/het)	aperitif (f)	[apeɐ̯i'tif]
voorgerecht (het)	forret (f)	['fɔːʁat]
dessert (het)	dessert (f)	[de'sɛɐ̯'t]
rekening (de)	regning (f)	['ʁɑjnɐŋ]
de rekening betalen	at betale regningen	[ʌ be'tæʹlə 'ʁɑjnɐŋən]
wisselgeld teruggeven	at give tilbage	[ʌ 'giʔ te'bæːjə]
fooi (de)	drikkepenge (pl)	['dʁɛkə,pɛŋə]

50. Maaltijden

eten (het)	mad (f)	['mað]
eten (ww)	at spise	[ʌ 'spiːsə]

ontbijt (het)	**morgenmad** (f)	['mɒːɒn‚mað]
ontbijten (ww)	**at spise morgenmad**	[ʌ 'spiːsə 'mɒːɒn‚mað]
lunch (de)	**frokost** (f)	['fʁɔkʌst]
lunchen (ww)	**at spise frokost**	[ʌ 'spiːsə 'fʁɔkʌst]
avondeten (het)	**aftensmad** (f)	['aftəns‚mað]
souperen (ww)	**at spise aftensmad**	[ʌ 'spiːsə 'aftəns‚mað]

eetlust (de)	**appetit** (f)	[apə'tit]
Eet smakelijk!	**Velbekomme!**	['vɛlbə'kʌmˀə]

openen (een fles ~)	**at åbne**	[ʌ 'ɔːbnə]
morsen (koffie, enz.)	**at spilde**	[ʌ 'spilə]
zijn gemorst	**at spildes ud**	[ʌ 'spiləs uðˀ]

koken (water kookt bij 100°C)	**at koge**	[ʌ 'kɔːwə]
koken (Hoe om water te ~)	**at koge**	[ʌ 'kɔːwə]
gekookt (~ water)	**kogt**	['kʌgt]
afkoelen (koeler maken)	**at afkøle**	[ʌ 'aw‚køˀlə]
afkoelen (koeler worden)	**at afkøles**	[ʌ 'aw‚køˀləs]

smaak (de)	**smag** (f)	['smæˀj]
nasmaak (de)	**bismag** (f)	['bismæˀj]

volgen een dieet	**at være på diæt**	[ʌ 'vɛːʌ pɔˀ di'ɛˀt]
dieet (het)	**diæt** (f)	[di'ɛˀt]
vitamine (de)	**vitamin** (i)	[vita'miˀn]
calorie (de)	**kalorie** (f)	[ka'loɐˀjə]
vegetariër (de)	**vegetar, vegetarianer** (f)	[vegə'taˀ], [vegətai'æˀnʌ]
vegetarisch (bn)	**vegetarisk**	[vegə'taˀisk]

vetten (mv.)	**fedt** (i)	['fet]
eiwitten (mv.)	**proteiner** (i pl)	[pʁotə'iˀnʌ]
koolhydraten (mv.)	**kulhydrater** (i pl)	['kɔlhy‚dʁaˀdʌ]
snede (de)	**skive** (f)	['skiːvə]
stuk (bijv. een ~ taart)	**stykke** (i)	['støkə]
kruimel (de)	**krumme** (f)	['kʁɔmə]

51. Bereide gerechten

gerecht (het)	**ret** (f)	['ʁat]
keuken (bijv. Franse ~)	**køkken** (i)	['køkən]
recept (het)	**opskrift** (f)	['ʌp‚skʁɛft]
portie (de)	**portion** (f)	[pɒ'ɕoˀn]

salade (de)	**salat** (f)	[sa'læˀt]
soep (de)	**suppe** (f)	['sɔpə]

bouillon (de)	**bouillon** (f)	[bul'jʌn]
boterham (de)	**smørrebrød** (i)	['smœɐʌ‚bʁœðˀ]
spiegelei (het)	**spejlæg** (i)	['spajl‚ɛˀg]

hamburger (de)	**hamburger** (f)	['hæːm‚bœːgʌ]
biefstuk (de)	**bøf** (f)	['bøf]
garnering (de)	**tilbehør** (i)	['telbe‚høˀɐ]

spaghetti (de)	**spaghetti** (f)	[spa'gɛti]
aardappelpuree (de)	**kartoffelmos** (f)	[kɑ'tʌfəlˌmɔs]
pizza (de)	**pizza** (f)	['pidsa]
pap (de)	**grød** (f)	['gʁœð']
omelet (de)	**omelet** (f)	[oməˈlɛt]

gekookt (in water)	**kogt**	['kʌgt]
gerookt (bn)	**røget**	['ʁʌjəð]
gebakken (bn)	**stegt**	['stɛgt]
gedroogd (bn)	**tørret**	['tœɐʌð]
diepvries (bn)	**frossen**	['fʁɔsən]
gemarineerd (bn)	**syltet**	['syltəð]

zoet (bn)	**sød**	['søð']
gezouten (bn)	**saltet**	['saltəð]
koud (bn)	**kold**	['kʌl']
heet (bn)	**hed, varm**	['heð'], ['vɑ'm]
bitter (bn)	**bitter**	['betʌ]
lekker (bn)	**lækker**	['lɛkʌ]

koken (in kokend water)	**at koge**	[ʌ 'kɔːwə]
bereiden (avondmaaltijd ~)	**at lave**	[ʌ 'læːvə]
bakken (ww)	**at stege**	[ʌ 'stɑjə]
opwarmen (ww)	**at varme op**	[ʌ 'vɑːmə ʌp]

zouten (ww)	**at salte**	[ʌ 'saltə]
peperen (ww)	**at pebre**	[ʌ 'pewʁʌ]
raspen (ww)	**at rive**	[ʌ 'ʁiːvə]
schil (de)	**skal, skræl** (f)	['skal'], ['skʁal']
schillen (ww)	**at skrælle**	[ʌ 'skʁalə]

52. Voedsel

vlees (het)	**kød** (i)	['køð]
kip (de)	**høne** (f)	['hœːnə]
kuiken (het)	**kylling** (f)	['kyleŋ]
eend (de)	**and** (f)	['an']
gans (de)	**gås** (f)	['gɔ's]
wild (het)	**vildt** (i)	['vil't]
kalkoen (de)	**kalkun** (f)	[kal'ku'n]

varkensvlees (het)	**flæsk** (i)	['flɛsk]
kalfsvlees (het)	**kalvekød** (i)	['kalvəˌkøð]
schapenvlees (het)	**lammekød** (i)	['laməˌkøð]
rundvlees (het)	**oksekød** (i)	['ʌksəˌkøð]
konijnenvlees (het)	**kanin** (f)	[ka'ni'n]

worst (de)	**pølse** (f)	['pølsə]
saucijs (de)	**wienerpølse** (f)	['viˀnʌˌpølsə]
spek (het)	**bacon** (i, f)	['bɛjkʌn]
ham (de)	**skinke** (f)	['skeŋkə]
gerookte achterham (de)	**skinke** (f)	['skeŋkə]
paté, pastei (de)	**pate, paté** (f)	[pa'te]
lever (de)	**lever** (f)	['lewˀʌ]

gehakt (het)	**kødfars** (f)	['køð,fɑˀs]
tong (de)	**tunge** (f)	['toŋə]

ei (het)	**æg** (i)	['ɛˀg]
eieren (mv.)	**æg** (i pl)	['ɛˀg]
eiwit (het)	**hvide** (f)	['vi:ðə]
eigeel (het)	**blomme** (f)	['blʌmə]

vis (de)	**fisk** (f)	['fesk]
zeevruchten (mv.)	**fisk og skaldyr**	[fesk 'ɒw 'skaldyɐˀ]
schaaldieren (mv.)	**krebsdyr** (i pl)	['kʁabs,dyɐˀ]
kaviaar (de)	**kaviar** (f)	['kavi,ɑˀ]

krab (de)	**krabbe** (f)	['kʁabə]
garnaal (de)	**reje** (f)	['ʁajə]
oester (de)	**østers** (f)	['østʌs]
langoest (de)	**languster** (f)	[laŋ'gustʌ]
octopus (de)	**blæksprutte** (f)	['blɛk,spʁutə]
inktvis (de)	**blæksprutte** (f)	['blɛk,spʁutə]

steur (de)	**stør** (f)	['støˀɐ̯]
zalm (de)	**laks** (f)	['laks]
heilbot (de)	**helleflynder** (f)	['hɛlə,flønʌ]

kabeljauw (de)	**torsk** (f)	['tɒ:sk]
makreel (de)	**makrel** (f)	[mɑ'kʁalˀ]
tonijn (de)	**tunfisk** (f)	['tu:n,fesk]
paling (de)	**ål** (f)	['ɔˀl]

forel (de)	**ørred** (f)	['œɐ̯ʌð]
sardine (de)	**sardin** (f)	[sɑ'di'n]
snoek (de)	**gedde** (f)	['geðə]
haring (de)	**sild** (f)	['silˀ]

brood (het)	**brød** (i)	['bʁœðˀ]
kaas (de)	**ost** (f)	['ɔst]
suiker (de)	**sukker** (i)	['sɔkʌ]
zout (het)	**salt** (i)	['salˀt]

rijst (de)	**ris** (f)	['ʁiˀs]
pasta (de)	**pasta** (f)	['pasta]
noedels (mv.)	**nudler** (f pl)	['nuðˀlʌ]

boter (de)	**smør** (i)	['smœɐ̯]
plantaardige olie (de)	**vegetabilsk olie** (f)	[vegəta'bi'lsk 'oljə]
zonnebloemolie (de)	**solsikkeolie** (f)	['so:l,sekə ,oljə]
margarine (de)	**margarine** (f)	[mɑgɑ'ʁi:nə]

olijven (mv.)	**oliven** (f pl)	[o'li'vən]
olijfolie (de)	**olivenolie** (f)	[o'li'vən,oljə]

melk (de)	**mælk** (f)	['mɛlˀk]
gecondenseerde melk (de)	**kondenseret mælk** (f)	[kʌndən'seˀʌð mɛlˀk]
yoghurt (de)	**yoghurt** (f)	['jo,guɐˀt]
zure room (de)	**cremefraiche,**	[kʁɛːm'fʁɛːɕ],
	syrnet fløde (f)	['syɐ̯nəð 'flø:ðə]

room (de)	fløde (f)	['fløːðə]
mayonaise (de)	mayonnaise (f)	[majo'nɛːs]
crème (de)	creme (f)	['kʁɛˀm]

graan (het)	gryn (i)	['gʁyˀn]
meel (het), bloem (de)	mel (i)	['meˀl]
conserven (mv.)	konserves (f)	[kɔn'sæɐ̯vəs]

maïsvlokken (mv.)	cornflakes (pl)	['koɐ̯nˌflɛks]
honing (de)	honning (f)	['hʌnɐŋ]
jam (de)	syltetøj (i)	['syltəˌtʌj]
kauwgom (de)	tyggegummi (i)	['tygəˌgomi]

53. Drankjes

water (het)	vand (i)	['vanˀ]
drinkwater (het)	drikkevand (i)	['dʁɛkəˌvanˀ]
mineraalwater (het)	mineralvand (i)	[minə'ʁalˌvanˀ]

zonder gas	uden brus	['uðən 'bʁuˀs]
koolzuurhoudend (bn)	med kulsyre	[mɛ 'bʁuˀs]
bruisend (bn)	med brus	[mɛ 'bʁuˀs]
IJs (het)	is (f)	['iˀs]
met ijs	med is	[mɛ 'iˀs]

alcohol vrij (bn)	alkoholfri	['alkohʌlˌfʁiˀ]
alcohol vrije drank (de)	alkoholfri drik (f)	['alkohʌlˌfʁiˀ 'dʁɛk]
frisdrank (de)	læskedrik (f)	['lɛskəˌdʁɛk]
limonade (de)	limonade (f)	[limo'næːðə]

alcoholische dranken (mv.)	alkoholiske drikke (f pl)	[alko'hoˀliskə 'dʁɛkə]
wijn (de)	vin (f)	['viˀn]
witte wijn (de)	hvidvin (f)	['við̩ˌviˀn]
rode wijn (de)	rødvin (f)	['ʁœðˌviˀn]

likeur (de)	likør (f)	[li'køˀɐ̯]
champagne (de)	champagne (f)	[ɕam'panjə]
vermout (de)	vermouth (f)	['væɐ̯mut]

whisky (de)	whisky (f)	['wiski]
wodka (de)	vodka (f)	['vʌdka]
gin (de)	gin (f)	['djen]
cognac (de)	cognac, konjak (f)	['kʌnˀjɑg]
rum (de)	rom (f)	['ʁʌmˀ]

koffie (de)	kaffe (f)	['kɑfə]
zwarte koffie (de)	sort kaffe (f)	['soɐ̯t 'kɑfə]
koffie (de) met melk	kaffe (f) med mælk	['kɑfə mɛ 'mɛlˀk]
cappuccino (de)	cappuccino (f)	[kɑpu'tjiːno]
oploskoffie (de)	pulverkaffe (f)	['pʌlvʌˌkɑfə]

melk (de)	mælk (f)	['mɛlˀk]
cocktail (de)	cocktail (f)	['kʌkˌtɛjl]
milkshake (de)	milkshake (f)	['milkˌɕɛjk]

sap (het)	juice (f)	['dʒu:s]
tomatensap (het)	tomatjuice (f)	[to'mæ:t‚dʒu:s]
sinaasappelsap (het)	appelsinjuice (f)	[ɑpəl'si'n 'dʒu:s]
vers geperst sap (het)	friskpresset juice (f)	['fʁɛsk‚pʁasəð 'dʒu:s]

bier (het)	øl (i)	['øl]
licht bier (het)	lyst øl (i)	['lyst ‚øl]
donker bier (het)	mørkt øl (i)	['mœɐ̯kt ‚øl]

thee (de)	te (f)	['te']
zwarte thee (de)	sort te (f)	['soɐ̯t ‚te']
groene thee (de)	grøn te (f)	['gʁœn' ‚te']

54. Groenten

| groenten (mv.) | grøntsager (pl) | ['gʁœnt‚sæ'jʌ] |
| verse kruiden (mv.) | grønt (i) | ['gʁœn't] |

tomaat (de)	tomat (f)	[to'mæ't]
augurk (de)	agurk (f)	[a'guɐ̯k]
wortel (de)	gulerod (f)	['gulə‚ʁo'ð]
aardappel (de)	kartoffel (f)	[kɑ'tʌfəl]
ui (de)	løg (i)	['lʌj']
knoflook (de)	hvidløg (i)	['við‚lʌj']

kool (de)	kål (f)	['kɔ'l]
bloemkool (de)	blomkål (f)	['blʌm‚kɔ'l]
spruitkool (de)	rosenkål (f)	['ʁo:sən‚kɔ'l]
broccoli (de)	broccoli (f)	['bʁʌkoli]

rode biet (de)	rødbede (f)	[ʁœð'be:ðə]
aubergine (de)	aubergine (f)	[obæɐ̯'ɕi:n]
courgette (de)	squash, zucchini (f)	['sgwʌɕ], [su'ki:ni]

| pompoen (de) | græskar (i) | ['gʁaskɑ] |
| raap (de) | majroe (f) | ['mɑj‚ʁo:ə] |

peterselie (de)	persille (f)	[pæɐ̯'selə]
dille (de)	dild (f)	['dil']
sla (de)	salat (f)	[sa'læ't]
selderij (de)	selleri (f)	['selʌ‚ʁi']

| asperge (de) | asparges (f) | [a'spɑ's] |
| spinazie (de) | spinat (f) | [spi'næ't] |

| erwt (de) | ærter (f pl) | ['æɐ̯'tʌ] |
| bonen (mv.) | bønner (f pl) | ['bœnʌ] |

| maïs (de) | majs (f) | ['mɑj's] |
| boon (de) | bønne (f) | ['bœnə] |

peper (de)	peber (i, f)	['pewʌ]
radijs (de)	radiser (f pl)	[ʁa'disə]
artisjok (de)	artiskok (f)	[‚ɑ:ti'skʌk]

55. Vruchten. Noten

vrucht (de)	frugt (f)	['fʁɔgt]
appel (de)	æble (i)	['ɛˀblə]
peer (de)	pære (f)	['pɛˀʌ]
citroen (de)	citron (f)	[si'tʁoˀn]
sinaasappel (de)	appelsin (f)	[apəl'siˀn]
aardbei (de)	jordbær (i)	['joɐ̯ˌbæɡ]

mandarijn (de)	mandarin (f)	[mandɑ'ʁiˀn]
pruim (de)	blomme (f)	['blʌmə]
perzik (de)	fersken (f)	['fæɡskən]
abrikoos (de)	abrikos (f)	[abʁi'koˀs]
framboos (de)	hindbær (i)	['henˌbæɡ]
ananas (de)	ananas (f)	['ananas]

banaan (de)	banan (f)	[ba'næˀn]
watermeloen (de)	vandmelon (f)	['van me'loˀn]
druif (de)	drue (f)	['dʁu:ə]
zure kers (de)	kirsebær (i)	['kiɡsəˌbæɡ]
zoete kers (de)	morel (f)	[mo'ʁalˀ]
meloen (de)	melon (f)	[me'loˀn]

grapefruit (de)	grapefrugt (f)	['gʁɛjpˌfʁɔgt]
avocado (de)	avokado (f)	[avo'kæ:do]
papaja (de)	papaja (f)	[pa'pɑja]
mango (de)	mango (f)	['mɑŋgo]
granaatappel (de)	granatæble (i)	[gʁɑ'næˀtˌɛ:blə]

rode bes (de)	ribs (i, f)	['ʁɛbs]
zwarte bes (de)	solbær (i)	['so:lˌbæɡ]
kruisbes (de)	stikkelsbær (i)	['stekəlsˌbæɡ]
bosbes (de)	blåbær (i)	['blɔˀˌbæɡ]
braambes (de)	brombær (i)	['bʁɔmˌbæɡ]

rozijn (de)	rosin (f)	[ʁo'siˀn]
vijg (de)	figen (f)	['fi:ən]
dadel (de)	daddel (f)	['daðˀəl]

pinda (de)	jordnød (f)	['joɐ̯ˌnøðˀ]
amandel (de)	mandel (f)	['manˀəl]
walnoot (de)	valnød (f)	['valˌnøðˀ]
hazelnoot (de)	hasselnød (f)	['hasəlˌnøðˀ]
kokosnoot (de)	kokosnød (f)	['ko:kosˌnøðˀ]
pistaches (mv.)	pistacier (f pl)	[pi'stæ:ɕʌ]

56. Brood. Snoep

suikerbakkerij (de)	konditorvarer (f pl)	[kʌn'ditʌˌvɑ:ɑ]
brood (het)	brød (i)	['bʁœðˀ]
koekje (het)	småkager (f pl)	['smʌˌkæ:jʌ]
chocolade (de)	chokolade (f)	[ɕoko'læ:ðə]
chocolade- (abn)	chokolade-	[ɕoko'læ:ðə-]

snoepje (het)	konfekt, karamel (f)	[kɔn'fɛkt], [kɑɑ'mɛl']
cakeje (het)	kage (f)	['kæ:jə]
taart (bijv. verjaardags~)	lagkage (f)	['lɑwˌkæ:jə]

| pastei (de) | pie (f) | ['pɑ:j] |
| vulling (de) | fyld (i, f) | ['fyl'] |

confituur (de)	syltetøj (i)	['syltəˌtʌj]
marmelade (de)	marmelade (f)	[mɑmə'læ:ðə]
wafel (de)	vaffel (f)	['vɑfəl]
IJsje (het)	is (f)	['i's]
pudding (de)	budding (f)	['buðeŋ]

57. Kruiden

zout (het)	salt (i)	['sal't]
gezouten (bn)	saltet	['saltəð]
zouten (ww)	at salte	[ʌ 'saltə]

zwarte peper (de)	sort peber (i, f)	['soɡt 'pewʌ]
rode peper (de)	rød peber (i, f)	['ʁœð 'pewʌ]
mosterd (de)	sennep (f)	['senʌp]
mierikswortel (de)	peberrod (f)	['pewʌˌʁo'ð]

condiment (het)	krydderi (i)	[kʁyðʌ'ʁi']
specerij , kruiderij (de)	krydderi (i)	[kʁyðʌ'ʁi']
saus (de)	sovs, sauce (f)	['sɒw's]
azijn (de)	eddike (f)	['ɛðikə]

anijs (de)	anis (f)	['anis]
basilicum (de)	basilikum (f)	[ba'sil'ikɔm]
kruidnagel (de)	nellike (f)	['nel'ekə]
gember (de)	ingefær (f)	['eŋəˌfæɡ]
koriander (de)	koriander (f)	[kɒi'an'dʌ]
kaneel (de/het)	kanel (i, f)	[ka'ne'l]

sesamzaad (het)	sesam (f)	['se:sam]
laurierblad (het)	laurbærblad (i)	['lɑwʌbæɡˌblað]
paprika (de)	paprika (f)	['pɑpʁika]
komijn (de)	kommen (f)	['kʌmən]
saffraan (de)	safran (i, f)	[sa'fʁa'n]

PERSOONLIJKE INFORMATIE. FAMILIE

58. Persoonlijke informatie. Formulieren

naam (de)	navn (i)	['nɑwˀn]
achternaam (de)	efternavn (i)	['ɛftʌˌnɑwˀn]
geboortedatum (de)	fødselsdato (f)	['føsəlsˌdæːto]
geboorteplaats (de)	fødested (i)	['føːðəˌstɛð]
nationaliteit (de)	nationalitet (f)	[naɕonali'teˀt]
woonplaats (de)	bopæl (i)	['boˌpɛˀl]
land (het)	land (i)	['lanˀ]
beroep (het)	fag (i), profession (f)	['fæˀj], [pʁofe'ɕoˀn]
geslacht (ov. het vrouwelijk ~)	køn (i)	['kœnˀ]
lengte (de)	højde (f)	['hʌjˀdə]
gewicht (het)	vægt (f)	['vɛgt]

59. Familieleden. Verwanten

moeder (de)	mor (f), moder (f)	['moɐ̯], ['moːðʌ]
vader (de)	far (f), fader (f)	['fɑː], ['fæːðʌ]
zoon (de)	søn (f)	['sœn]
dochter (de)	datter (f)	['datʌ]
jongste dochter (de)	yngste datter (f)	['øŋˀstə 'datʌ]
jongste zoon (de)	yngste søn (f)	['øŋˀstə 'sœn]
oudste dochter (de)	ældste datter (f)	['ɛlˀstə 'datʌ]
oudste zoon (de)	ældste søn (f)	['ɛlˀstə sœn]
broer (de)	bror (f)	['bʁoɐ̯]
oudere broer (de)	storebror (f)	['stoɐ̯ˌbʁoɐ̯]
jongere broer (de)	lillebror (f)	['lileˌbʁoɐ̯]
zuster (de)	søster (f)	['søstʌ]
oudere zuster (de)	storesøster (f)	['stoɐ̯ˌsøstʌ]
jongere zuster (de)	lillesøster (f)	['lileˌsøstʌ]
neef (zoon van oom, tante)	fætter (f)	['fɛtʌ]
nicht (dochter van oom, tante)	kusine (f)	[ku'siːnə]
mama (de)	mor (f)	['moɐ̯]
papa (de)	papa, far (f)	['papa], ['fɑː]
ouders (mv.)	forældre (pl)	[fʌ'ɛlˀdʁʌ]
kind (het)	barn (i)	['baˀn]
kinderen (mv.)	børn (pl)	['bœɐ̯ˀn]
oma (de)	bedstemor (f)	['bɛstəˌmoɐ̯]
opa (de)	bedstefar (f)	['bɛstəˌfɑː]

kleinzoon (de)	barnebarn (i)	['bɑːnə͵bɑʔn]
kleindochter (de)	barnebarn (i)	['bɑːnə͵bɑʔn]
kleinkinderen (mv.)	børnebørn (pl)	['bœɐ̯nə͵bœɐ̯ʔn]

oom (de)	onkel (f)	['ɔŋʔkəl]
tante (de)	tante (f)	['tantə]
neef (zoon van broer, zus)	nevø (f)	[ne'vø]
nicht (dochter van broer ,zus)	niece (f)	[ni'ɛːsə]

schoonmoeder (de)	svigermor (f)	['sviʔʌ͵moɐ̯]
schoonvader (de)	svigerfar (f)	['sviʔʌ͵fɑː]
schoonzoon (de)	svigersøn (f)	['sviʔʌ͵sœn]
stiefmoeder (de)	stedmor (f)	['stɛð͵moɐ̯]
stiefvader (de)	stedfar (f)	['stɛð͵fɑː]

zuigeling (de)	spædbarn (i)	['spɛð͵bɑʔn]
wiegenkind (het)	spædbarn (i)	['spɛð͵bɑʔn]
kleuter (de)	lille barn (i)	['lilə 'bɑʔn]

vrouw (de)	kone (f)	['koːnə]
man (de)	mand (f)	['manʔ]
echtgenoot (de)	ægtemand (f)	['ɛgtə͵manʔ]
echtgenote (de)	hustru (f)	['hustʁu]

gehuwd (mann.)	gift	['gift]
gehuwd (vrouw.)	gift	['gift]
ongehuwd (mann.)	ugift	['u͵gift]
vrijgezel (de)	ungkarl (f)	['ɔŋ͵kæʔl]
gescheiden (bn)	fraskilt	['fʁɑ͵skelʔt]
weduwe (de)	enke (f)	['ɛŋkə]
weduwnaar (de)	enkemand (f)	['ɛŋkə͵manʔ]

familielid (het)	slægtning (f)	['slɛgtnen]
dichte familielid (het)	nær slægtning (f)	['nɛʔg 'slɛgtnen]
verre familielid (het)	fjern slægtning (f)	['fjæɐ̯ʔn 'slɛgtnen]
familieleden (mv.)	slægtninge (pl)	['slɛgtnenə]

wees (de), weeskind (het)	forældreløst barn (i)	[fʌ'ɛlʔdʁʌlø:st bɑʔn]
voogd (de)	formynder (f)	['foː͵mønʔʌ]
adopteren (een jongen te ~)	at adoptere	[ʌ adʌp'teʔʌ]
adopteren (een meisje te ~)	at adoptere	[ʌ adʌp'teʔʌ]

60. Vrienden. Collega's

vriend (de)	ven (f)	['vɛn]
vriendin (de)	veninde (f)	[vɛn'enə]
vriendschap (de)	venskab (i)	['vɛn͵skæʔb]
bevriend zijn (ww)	at være venner	[ʌ 'vɛːʌ 'vɛnʌ]

makker (de)	ven (f)	['vɛn]
vriendin (de)	veninde (f)	[vɛn'enə]
partner (de)	partner (f)	['pɑːtnʌ]
chef (de)	chef (f)	['ɕɛʔf]
baas (de)	overordnet (f)	['ɒwʌ͵ɒʔdnəð]

eigenaar (de)	ejer (f)	['ɑjʌ]
ondergeschikte (de)	underordnet (f)	['ɔnʌˌɒˀdneð]
collega (de)	kollega (f)	[ko'le:ga]

kennis (de)	bekendt (f)	[be'kɛnˀt]
medereiziger (de)	medrejsende (f)	['mɛðˌʁɑjˀsənə]
klasgenoot (de)	klassekammerat (f)	['klasə kɑmə'ʁɑ:t]

buurman (de)	nabo (f)	['næ:bo]
buurvrouw (de)	nabo (f)	['næ:bo]
buren (mv.)	naboer (pl)	['næ:boˀʌ]

MENSELIJK LICHAAM. GENEESKUNDE

61. Hoofd

hoofd (het)	hoved (i)	['ho:əð]
gezicht (het)	ansigt (i)	['ansegt]
neus (de)	næse (f)	['nɛ:sə]
mond (de)	mund (f)	['mɔn⁊]
oog (het)	øje (i)	['ʌjə]
ogen (mv.)	øjne (i pl)	['ʌjnə]
pupil (de)	pupil (f)	[pu'pil⁊]
wenkbrauw (de)	øjenbryn (i)	['ʌjən‿bʁy⁊n]
wimper (de)	øjenvippe (f)	['ʌjən‿vepə]
ooglid (het)	øjenlåg (i)	['ʌjən‿lɔ⁊w]
tong (de)	tunge (f)	['tɔŋə]
tand (de)	tand (f)	['tan⁊]
lippen (mv.)	læber (f pl)	['lɛ:bʌ]
jukbeenderen (mv.)	kindben (i pl)	['kən‿be⁊n]
tandvlees (het)	tandkød (i)	['tan‿køð]
gehemelte (het)	gane (f)	['gæ:nə]
neusgaten (mv.)	næsebor (i pl)	['nɛ:sə‿bo⁊ɡ]
kin (de)	hage (f)	['hæ:jə]
kaak (de)	kæbe (f)	['kɛ:bə]
wang (de)	kind (f)	['ken⁊]
voorhoofd (het)	pande (f)	['panə]
slaap (de)	tinding (f)	['tenəŋ]
oor (het)	øre (i)	['ø:ʌ]
achterhoofd (het)	nakke (f)	['nɑkə]
hals (de)	hals (f)	['hal⁊s]
keel (de)	strube, hals (f)	['stʁu:bə], ['hal⁊s]
haren (mv.)	hår (i pl)	['hɔ⁊]
kapsel (het)	frisure (f)	[fʁi'sy⁊ʌ]
haarsnit (de)	klipning (f)	['klepnəŋ]
pruik (de)	paryk (f)	[pɑ'ʁœk]
snor (de)	moustache (f)	[mu'stæ:ɕ]
baard (de)	skæg (i)	['skɛ⁊g]
dragen (een baard, enz.)	at have	[ʌ 'hæ:və]
vlecht (de)	fletning (f)	['flɛtnəŋ]
bakkebaarden (mv.)	bakkenbart (f)	['bɑkən‿bɑ⁊t]
ros (roodachtig, rossig)	rødhåret	['ʁɔɛð‿hɒ⁊ɒð]
grijs (~ haar)	grå	['gʁɔ⁊]
kaal (bn)	skaldet	['skaləð]
kale plek (de)	skaldet plet (f)	['skaləð‿plɛt]

| paardenstaart (de) | hestehale (f) | ['hɛstəˌhæːlə] |
| pony (de) | pandehår (i) | ['panəˌhɒˀ] |

62. Menselijk lichaam

| hand (de) | hånd (f) | ['hʌnˀ] |
| arm (de) | arm (f) | ['aˀm] |

vinger (de)	finger (f)	['feŋˀʌ]
teen (de)	tå (f)	['tɔˀ]
duim (de)	tommel (f)	['tʌməl]
pink (de)	lillefinger (f)	['liləˌfeŋˀʌ]
nagel (de)	negl (f)	['najˀl]

vuist (de)	knytnæve (f)	['knytˌnɛːvə]
handpalm (de)	håndflade (f)	['hʌnˌflæːðə]
pols (de)	håndled (i)	['hʌnˌleð]
voorarm (de)	underarm (f)	['ɔnʌˌaːm]
elleboog (de)	albue (f)	['alˌbuːə]
schouder (de)	skulder (f)	['skulʌ]

been (rechter ~)	ben (i)	['beˀn]
voet (de)	fod (f)	['foˀð]
knie (de)	knæ (i)	['knɛˀ]
kuit (de)	læg (f)	['lɛˀg]
heup (de)	hofte (f)	['hʌftə]
hiel (de)	hæl (f)	['hɛˀl]

lichaam (het)	krop (f)	['kʁʌp]
buik (de)	mave (f)	['mæːvə]
borst (de)	bryst (i)	['bʁœst]
borst (de)	bryst (i)	['bʁœst]
zijde (de)	side (f)	['siːðə]
rug (de)	ryg (f)	['ʁœg]
lage rug (de)	lænderyg (f)	['lɛnəˌʁœg]
taille (de)	midje, talje (f)	['miðjə], ['taljə]

navel (de)	navle (f)	['nawlə]
billen (mv.)	baller, balder (f pl)	['balʌ]
achterwerk (het)	bag (f)	['bæˀj]

huidvlek (de)	skønhedsplet (f)	['skœnheðsˌplɛt]
moedervlek (de)	modermærke (i)	['moːðʌ'mæɐ̯kə]
tatoeage (de)	tatovering (f)	[tatoˈveˀɡen]
litteken (het)	ar (i)	['aˀ]

63. Ziekten

ziekte (de)	sygdom (f)	['syːˌdʌmˀ]
ziek zijn (ww)	at være syg	[ʌ 'vɛːʌ syˀ]
gezondheid (de)	helse, sundhed (f)	['hɛlsə], ['sɔnˌheðˀ]
snotneus (de)	snue (f)	['snuːə]

angina (de)	angina (f)	[aŋˈgiːna]
verkoudheid (de)	forkølelse (f)	[fʌˈkøˀlelsə]
verkouden raken (ww)	at blive forkølet	[ʌ ˈbliːə fʌˈkøˀleð]
bronchitis (de)	bronkitis (f)	[bʁʌŋˈkitis]
longontsteking (de)	lungebetændelse (f)	[ˈloŋə beˈtɛnˀelsə]
griep (de)	influenza (f)	[enfluˈɛnsa]
bijziend (bn)	nærsynet	[ˈnæɐ̯ˌsyˀneð]
verziend (bn)	langsynet	[ˈlaŋˌsyˀneð]
scheelheid (de)	skeløjethed (f)	[ˈskelˌʌjəðˌheðˀ]
scheel (bn)	skeløjet	[ˈskelˌʌjˀəð]
grauwe staar (de)	grå stær (f)	[ˈgʁɔˀ ˈstɛˀɐ̯]
glaucoom (het)	glaukom (i), grøn stær (f)	[glawˈkoˀm], [ˈgʁœnˀ ˈstɛˀɐ̯]
beroerte (de)	hjerneblødning (f)	[ˈjæɐ̯nəˌbløðneŋ]
hartinfarct (het)	infarkt (i, f)	[enˈfaːkt]
myocardiaal infarct (het)	hjerteinfarkt (i, f)	[ˈjæɐ̯tə enˈfaːkt]
verlamming (de)	lammelse (f)	[ˈlamelsə]
verlammen (ww)	at lamme, at paralysere	[ʌ ˈlamə], [ʌ paalyˈseˀʌ]
allergie (de)	allergi (f)	[alæɐ̯ˈgiˀ]
astma (de/het)	astma (f)	[ˈastma]
diabetes (de)	diabetes (f)	[diaˈbeːtəs]
tandpijn (de)	tandpine (f)	[ˈtanˌpiːnə]
tandbederf (het)	caries, karies (f)	[ˈkaˀies]
diarree (de)	diarre (f)	[diaˈʁɛ]
constipatie (de)	forstoppelse (f)	[fʌˈstʌpelsə]
maagstoornis (de)	mavebesvær (i)	[ˈmæːvəˌbeˈsvɛˀɐ̯]
voedselvergiftiging (de)	madforgiftning (f)	[ˈmaðfʌˌgiftnen]
voedselvergiftiging oplopen	at blive madforgiftet	[ʌ ˈbliːə ˈmaðfʌˌgifteð]
artritis (de)	artritis (f)	[aˈtʁitis]
rachitis (de)	rakitis (f)	[ʁaˈkitis]
reuma (het)	reumatisme (f)	[ʁʌjmaˈtismə]
arteriosclerose (de)	arterieforkalkning (f)	[aˈteˀɐ̯ie fʌˈkalˀkneŋ]
gastritis (de)	gastritis (f)	[gaˈstʁitis]
blindedarmontsteking (de)	appendicit (f)	[apɛndiˈsit]
galblaasontsteking (de)	galdeblærebetændelse (f)	[ˈgaleˌblɛːʌ beˈtɛnˀelsə]
zweer (de)	mavesår (i)	[ˈmæːvəˌsɒˀ]
mazelen (mv.)	mæslinger (pl)	[ˈmɛsˌleŋˀʌ]
rodehond (de)	røde hunde (f)	[ˈʁœːðə ˈhunə]
geelzucht (de)	gulsot (f)	[ˈgulˌsoˀt]
leverontsteking (de)	hepatitis (f)	[hepaˈtitis]
schizofrenie (de)	skizofreni (f)	[skidsofʁɛˈniˀ]
dolheid (de)	rabies (f)	[ˈʁaˀbjɛs]
neurose (de)	neurose (f)	[nœwˈʁoːsə]
hersenschudding (de)	hjernerystelse (f)	[ˈjæɐ̯nəˌʁœstelsə]
kanker (de)	kræft (f), cancer (f)	[ˈkʁaft], [ˈkanˀsʌ]
sclerose (de)	sklerose (f)	[skləˈʁoːsə]

multiple sclerose (de)	multipel sklerose (f)	[mul'ti'pəl sklə'ʁo:sə]
alcoholisme (het)	alkoholisme (f)	[alkoho'lismə]
alcoholicus (de)	alkoholiker (f)	[alko'ho'likʌ]
syfilis (de)	syfilis (f)	['syfilis]
AIDS (de)	AIDS (f)	['ɛjds]

tumor (de)	svulst, tumor (f)	['svul'st], ['tu:mɒ]
kwaadaardig (bn)	ondartet, malign	['ɔn,a'dəð], [ma'li'n]
goedaardig (bn)	godartet, benign	['goð,a'təð], [be'ni'n]
koorts (de)	feber (f)	['fe'bʌ]
malaria (de)	malaria (f)	[ma'la'ia]
gangreen (het)	koldbrand (f)	['kʌl,bʁan']
zeeziekte (de)	søsyge (f)	['sø,sy:ə]
epilepsie (de)	epilepsi (f)	[epilɛp'si']

epidemie (de)	epidemi (f)	[epedə'mi']
tyfus (de)	tyfus (f)	['tyfus]
tuberculose (de)	tuberkulose (f)	[tubæɡku'lo:sə]
cholera (de)	kolera (f)	['ko'leʁa]
pest (de)	pest (f)	['pɛst]

64. Symptomen. Behandelingen. Deel 1

symptoom (het)	symptom (i)	[sym'to'm]
temperatuur (de)	temperatur (f)	[tɛmpʁa'tuɡ']
verhoogde temperatuur (de)	høj temperatur, feber (f)	['hʌj tɛmpʁa'tuɡ'], ['fe'bʌ]
polsslag (de)	puls (f)	['pul's]

duizeling (de)	svimmelhed (f)	['svem'əl,heð']
heet (erg warm)	varm	['va'm]
koude rillingen (mv.)	gysen (f)	['gy:sən]
bleek (bn)	bleg	['blaj']

hoest (de)	hoste (f)	['ho:stə]
hoesten (ww)	at hoste	[ʌ 'ho:stə]
niezen (ww)	at nyse	[ʌ 'ny:sə]
flauwte (de)	besvimelse (f)	[be'svi'məlsə]
flauwvallen (ww)	at besvime	[ʌ be'svi'mə]

blauwe plek (de)	blåt mærke (i)	['blʌt 'mæɡkə]
buil (de)	bule (f)	['bu:lə]
zich stoten (ww)	at slå sig	[ʌ 'slo' saj]
kneuzing (de)	blåt mærke (i)	['blʌt 'mæɡkə]
kneuzen (gekneusd zijn)	at støde sig	[ʌ 'stø:ðə saj]

hinken (ww)	at halte	[ʌ 'haltə]
verstuiking (de)	forvridning (f)	[fʌ'vʁið'nen]
verstuiken (enkel, enz.)	at forvride	[ʌ fʌ'vʁið'ə]
breuk (de)	brud (i), fraktur (f)	['bʁuð], [fʁak'tuɡ']
een breuk oplopen	at få et brud	[ʌ 'fɔ' ed 'bʁuð]

snijwond (de)	snitsår (i)	['snit,sɒ']
zich snijden (ww)	at skære sig	[ʌ 'skɛ:ʌ saj]
bloeding (de)	blødning (f)	['bløðnen]

| brandwond (de) | brandsår (i) | ['bʀɑnˌsɒ'] |
| zich branden (ww) | at brænde sig | [ʌ 'bʀɑnə sɑj] |

prikken (ww)	at stikke	[ʌ 'stekə]
zich prikken (ww)	at stikke sig	[ʌ 'stekə sɑj]
blesseren (ww)	at skade	[ʌ 'skæːðə]
blessure (letsel)	skade (f)	['skæːðə]
wond (de)	sår (i)	['sɒ']
trauma (het)	traume, trauma (i)	['tʀɑwmə], ['tʀɑwmɑ]

IJlen (ww)	at tale i vildelse	[ʌ 'tæːlə i 'vilelsə]
stotteren (ww)	at stamme	[ʌ 'stɑmə]
zonnesteek (de)	solstik (i)	['soːlˌstek]

65. Symptomen. Behandelingen. Deel 2

| pijn (de) | smerte (f) | ['smæɡtə] |
| splinter (de) | splint (f) | ['splen't] |

zweet (het)	sved (f)	['sveð']
zweten (ww)	at svede	[ʌ 'sveːðə]
braking (de)	opkastning (f)	['ʌpˌkastneŋ]
stuiptrekkingen (mv.)	kramper (f pl)	['kʀɑmpʌ]

zwanger (bn)	gravid	[gʀɑ'við']
geboren worden (ww)	at fødes	[ʌ 'føːðəs]
geboorte (de)	fødsel (f)	['føsəl]
baren (ww)	at føde	[ʌ 'føːðə]
abortus (de)	abort (f)	[a'bɒ't]

ademhaling (de)	åndedræt (i)	['ʌnəˌdʀat]
inademing (de)	indånding (f)	['enˌʌn'eŋ]
uitademing (de)	udånding (f)	['uðˌʌn'eŋ]
uitademen (ww)	at ånde ud	[ʌ 'ʌnə uð]
inademen (ww)	at ånde ind	[ʌ 'ʌnə en']

invalide (de)	handikappet person (f)	['handiˌkapəð pæɡ'so'n]
gehandicapte (de)	krøbling (f)	['kʀœbleŋ]
drugsverslaafde (de)	narkoman (f)	[nako'mæ'n]

doof (bn)	døv	['dø'w]
stom (bn)	stum	['stɒm']
doofstom (bn)	døvstum	['døwˌstɒm']

krankzinnig (bn)	gal, sindssyg	['gæ'l], ['sen'ˌsy']
krankzinnige (man)	gal mand (f)	['gæ'l 'man']
krankzinnige (vrouw)	gal kvinde (f)	['gæ'l 'kvenə]
krankzinnig worden	at blive sindssyg	[ʌ 'bliːə 'sen'ˌsy']

gen (het)	gen (i)	['ge'n]
immuniteit (de)	immunitet (f)	[imuni'te't]
erfelijk (bn)	arvelig	['ɑːvəli]
aangeboren (bn)	medfødt	['mɛðˌfø't]
virus (het)	virus (i, f)	['viːʀus]

microbe (de)	mikrobe (f)	[mi'kʁo:bə]
bacterie (de)	bakterie (f)	[bak'teɡ'iə]
infectie (de)	infektion (f)	[enfɛk'ɕo'n]

66. Symptomen. Behandelingen. Deel 3

| ziekenhuis (het) | sygehus (i) | ['sy:ə͵hu' s] |
| patiënt (de) | patient (f) | [pa'ɕɛn'̩t] |

diagnose (de)	diagnose (f)	[dia'gno:sə]
genezing (de)	kur, behandling (f)	['kuɡ'], [be'han'leŋ]
medische behandeling (de)	behandling (f)	[be'han'leŋ]
onder behandeling zijn	at blive behandlet	[ʌ 'bli:ə be'han'ləð]
behandelen (ww)	at behandle	[ʌ be'han'lə]
zorgen (zieken ~)	at pleje	[ʌ 'plajə]
ziekenzorg (de)	pleje (f)	['plajə]

operatie (de)	operation (f)	[opeʁa'ɕo'n]
verbinden (een arm ~)	at forbinde	[ʌ fʌ'ben'ə]
verband (het)	forbinding (f)	[fʌ'ben'eŋ]

vaccin (het)	vaccination (f)	[vagsina'ɕo'n]
inenten (vaccineren)	at vaccinere	[ʌ vaksi'ne'ʌ]
injectie (de)	injektion (f)	[enjɛk'ɕo'n]
een injectie geven	at give en sprøjte	[ʌ 'gi' en 'spʁʌjtə]

aanval (de)	anfald (i)	['an͵fal']
amputatie (de)	amputation (f)	[amputa'ɕo'n]
amputeren (ww)	at amputere	[ʌ ampu'te'ʌ]
coma (het)	koma (f)	['ko:ma]
in coma liggen	at ligge i koma	[ʌ 'legə i 'ko:ma]
intensieve zorg, ICU (de)	intensivafdeling (f)	['entən͵siw' 'aw͵de'leŋ]

zich herstellen (ww)	at blive rask	[ʌ 'bli:ə 'ʁask]
toestand (de)	tilstand (f)	['tel͵stan']
bewustzijn (het)	bevidsthed (f)	[be'vest͵heð']
geheugen (het)	hukommelse (f)	[hu'kʌm'əlsə]

trekken (een kies ~)	at trække ud	[ʌ 'tʁakə uð']
vulling (de)	plombe (f)	['plɔmbə]
vullen (ww)	at plombere	[ʌ plɔm'be'ʌ]

| hypnose (de) | hypnose (f) | [hyp'no:sə] |
| hypnotiseren (ww) | at hypnotisere | [ʌ hypnoti'se'ʌ] |

67. Geneeskunde. Medicijnen. Accessoires

geneesmiddel (het)	medicin (f)	[medi'si'n]
middel (het)	middel (i)	['mið'əl]
voorschrijven (ww)	at ordinere	[ʌ ɒdi'ne'ʌ]
recept (het)	recept (f)	[ʁɛ'sɛpt]
tablet (de/het)	tablet (f), pille (f)	[tab'lɛt], ['pelə]

zalf (de)	**salve** (f)	['salvə]
ampul (de)	**ampul** (f)	[am'pul']
drank (de)	**mikstur** (f)	[meks'tuɐ']
siroop (de)	**sirup** (f)	['siʼʁɔp]
pil (de)	**pille** (f)	['pelə]
poeder (de/het)	**pulver** (i)	['pɔlʼvʌ]
verband (het)	**gazebind** (i)	['gæ:sə‚benʼ]
watten (mv.)	**vat** (i)	['vat]
jodium (het)	**jod** (i, f)	['joʼð]
pleister (de)	**plaster** (i)	['plastʌ]
pipet (de)	**pipette** (f)	[pi'pɛtə]
thermometer (de)	**termometer** (i)	[tæɐmo'meʼtʌ]
spuit (de)	**sprøjte** (f)	['spʁʌjtə]
rolstoel (de)	**kørestol** (f)	['kø:ʌ‚stoʼl]
krukken (mv.)	**krykker** (f pl)	['kʁɶkə]
pijnstiller (de)	**smertestillende medicin** (i)	['smæɐdə‚stelənə medi'siʼn]
laxeermiddel (het)	**laksativ** (i)	[lɑksa'tiwʼ]
spiritus (de)	**sprit** (f)	['spʁit]
medicinale kruiden (mv.)	**lægeurter** (f pl)	['lɛ:jə‚uɐʼtʌ]
kruiden- (abn)	**urte-**	['uɐtə-]

APPARTEMENT

68. Appartement

appartement (het)	lejlighed (f)	['lɑjliˌheð']
kamer (de)	rum, værelse (i)	['ʁɔm'], ['væɐ̯ʌlsə]
slaapkamer (de)	soveværelse (i)	['sɒwəˌvæɐ̯ʌlsə]
eetkamer (de)	spisestue (f)	['spiːsəˌstuːə]
salon (de)	dagligstue (f)	['dɑwliˌstuːə]
studeerkamer (de)	arbejdsværelse (i)	['ɑːbɑjdsˌvæɐ̯ʌlsə]
gang (de)	entre (f), forstue (f)	[ɑŋ'tʁɛ], ['fɒˌstuːə]
badkamer (de)	badeværelse (i)	['bæːðəˌvæɐ̯ʌlsə]
toilet (het)	toilet (i)	[toa'lɛt]
plafond (het)	loft (i)	['lʌft]
vloer (de)	gulv (i)	['gɔl]
hoek (de)	hjørne (i)	['jœɐ̯'nə]

69. Meubels. Interieur

meubels (mv.)	møbler (pl)	['møˀblʌ]
tafel (de)	bord (i)	['boˀɐ̯]
stoel (de)	stol (f)	['stoˀl]
bed (het)	seng (f)	['sɛŋˀ]
bankstel (het)	sofa (f)	['soːfa]
fauteuil (de)	lænestol (f)	['lɛːnəˌstoˀl]
boekenkast (de)	bogskab (i)	['bɒwˌskæːb]
boekenrek (het)	hylde (f)	['hylə]
kledingkast (de)	klædeskab (i)	['klɛːðəˌskæˀb]
kapstok (de)	knagerække (f)	['knæːjəˌʁakə]
staande kapstok (de)	stumtjener (f)	['stɔmˌtjɛːnʌ]
commode (de)	kommode (f)	[ko'moːðə]
salontafeltje (het)	sofabord (i)	['soːfaˌboˀɐ̯]
spiegel (de)	spejl (i)	['spɑjˀl]
tapijt (het)	tæppe (i)	['tɛpə]
tapijtje (het)	lille tæppe (i)	['lilə 'tɛpə]
haard (de)	pejs (f), kamin (f)	['pɑjˀs], [ka'miˀn]
kaars (de)	lys (i)	['lyˀs]
kandelaar (de)	lysestage (f)	['lysəˌstæːjə]
gordijnen (mv.)	gardiner (i pl)	[ga'diˀnʌ]
behang (het)	tapet (i)	[ta'peˀt]

jaloezie (de)	persienne (f)	[pæg'ɡɛnə]
bureaulamp (de)	bordlampe (f)	['boɡˌlampə]
wandlamp (de)	væglampe (f)	['vɛgˌlampə]
staande lamp (de)	standerlampe (f)	['stanʌˌlampə]
luchter (de)	lysekrone (f)	['lysəˌkʁoːnə]

poot (ov. een tafel, enz.)	ben (i)	['beʔn]
armleuning (de)	armlæn (i)	['ɑʔmˌlɛʔn]
rugleuning (de)	ryg (f), ryglæn (i)	['ʁœg], ['ʁœgˌlɛʔn]
la (de)	skuffe (f)	['skɔfə]

70. Beddengoed

beddengoed (het)	sengetøj (i)	['sɛŋəˌtʌj]
kussen (het)	pude (f)	['puːðə]
kussenovertrek (de)	pudebetræk (i)	['puːðə be'tʁak]
deken (de)	dyne (f)	['dyːnə]
laken (het)	lagen (i)	['læjʔən]
sprei (de)	sengetæppe (i)	['sɛŋəˌtɛpə]

71. Keuken

keuken (de)	køkken (i)	['køkən]
gas (het)	gas (f)	['gas]
gasfornuis (het)	gaskomfur (i)	['gasˌkɔm'fuɡʔ]
elektrisch fornuis (het)	elkomfur (i)	['ɛlˌkɔm'fuɡʔ]
oven (de)	bageovn (f)	['bæːjəˌɒwʔn]
magnetronoven (de)	mikroovn (f)	['mikʁoˌɒwʔn]

koelkast (de)	køleskab (i)	['køːləˌskæʔb]
diepvriezer (de)	fryser (f)	['fʁyːsʌ]
vaatwasmachine (de)	opvaskemaskine (f)	[ʌp'vaskə ma'skiːnə]

vleesmolen (de)	kødhakker (f)	['køðˌhakʌ]
vruchtenpers (de)	juicepresser (f)	['dʒuːsˌpʁasʌ]
toaster (de)	brødrister, toaster (f)	['bʁœðˌʁɛstʌ], ['tɔwstʌ]
mixer (de)	mikser, mixer (f)	['meksʌ]

koffiemachine (de)	kaffemaskine (f)	['kafə ma'skiːnə]
koffiepot (de)	kaffekande (f)	['kafəˌkanə]
koffiemolen (de)	kaffekværn (f)	['kafəˌkvæɡʔn]

fluitketel (de)	kedel (f)	['keðəl]
theepot (de)	tekande (f)	['teˌkanə]
deksel (de/het)	låg (i)	['lɔʔw]
theezeefje (het)	tesi (f)	['teʔˌsiʔ]

lepel (de)	ske (f)	['skeʔ]
theelepeltje (het)	teske (f)	['teʔˌskeʔ]
eetlepel (de)	spiseske (f)	['spiːsəˌskeʔ]
vork (de)	gaffel (f)	['gafəl]
mes (het)	kniv (f)	['kniwʔ]

vaatwerk (het)	service (i)	[sæɡ'vi:sə]
bord (het)	tallerken (f)	[ta'læɡkən]
schoteltje (het)	underkop (f)	['ɔnʌˌkʌp]

likeurglas (het)	shotglas (i)	['ɕʌtˌglas]
glas (het)	glas (i)	['glas]
kopje (het)	kop (f)	['kʌp]

suikerpot (de)	sukkerskål (f)	['sɔkʌˌskɔʔl]
zoutvat (het)	saltbøsse (f)	['saltˌbøsə]
pepervat (het)	peberbøsse (f)	['pewʌˌbøsə]
boterschaaltje (het)	smørskål (f)	['smœɡˌskɔʔl]

steelpan (de)	gryde (f)	['gʁy:ðə]
bakpan (de)	stegepande (f)	['stajəˌpanə]
pollepel (de)	slev (f)	['slewʔ]
vergiet (de/het)	dørslag (i)	['dœɡˌslæʔj]
dienblad (het)	bakke (f)	['bakə]

fles (de)	flaske (f)	['flaskə]
glazen pot (de)	glasdåse (f)	['glasˌdɔ:sə]
blik (conserven~)	dåse (f)	['dɔ:sə]

flesopener (de)	oplukker (f)	['ʌpˌlɔkʌ]
blikopener (de)	dåseåbner (f)	['dɔ:səˌɔ:bnʌ]
kurkentrekker (de)	proptrækker (f)	['pʁʌpˌtʁakʌ]
filter (de/het)	filter (i)	['filʔtʌ]
filteren (ww)	at filtrere	[ʌ fil'tʁɛʔʌ]

| huisvuil (het) | affald, skrald (i) | ['awˌfalʔ], ['skʁalʔ] |
| vuilnisemmer (de) | skraldespand (f) | ['skʁaləˌspanʔ] |

72. Badkamer

badkamer (de)	badeværelse (i)	['bæ:ðəˌvæɡʌlsə]
water (het)	vand (i)	['vanʔ]
kraan (de)	hane (f)	['hæ:nə]
warm water (het)	varmt vand (i)	['vɑʔmt vanʔ]
koud water (het)	koldt vand (i)	['kʌlt vanʔ]

tandpasta (de)	tandpasta (f)	['tanˌpasta]
tanden poetsen (ww)	at børste tænder	[ʌ 'bœɡstə 'tɛnʌ]
tandenborstel (de)	tandbørste (f)	['tanˌbœɡstə]

zich scheren (ww)	at barbere sig	[ʌ bɑ'be'ʌ saj]
scheercrème (de)	barberskum (i)	[bɑ'be'ɡˌskɔmʔ]
scheermes (het)	skraber (f)	['skʁɑ:bʌ]

wassen (ww)	at vaske	[ʌ 'vaskə]
een bad nemen	at vaske sig	[ʌ 'vaskə saj]
douche (de)	brusebad (i)	['bʁu:səˌbað]
een douche nemen	at tage brusebad	[ʌ 'tæʔ 'bʁu:səˌbað]
bad (het)	badekar (i)	['bæ:ðəˌka]
toiletpot (de)	toiletkumme (f)	[toa'lɛt 'kɔmə]

wastafel (de)	håndvask (f)	['hʌn²ˌvask]
zeep (de)	sæbe (f)	['sɛ:bə]
zeepbakje (het)	sæbeskål (f)	['sɛ:bəˌskɔ²l]

spons (de)	svamp (f)	['svɑm²p]
shampoo (de)	shampoo (f)	['ɕæː mˌpuː]
handdoek (de)	håndklæde (i)	['hʌnˌklɛ:ðə]
badjas (de)	badekåbe (f)	['bæ:ðəˌkɔ:bə]

was (bijv. handwas)	vask (f)	['vask]
wasmachine (de)	vaskemaskine (f)	['vaskə ma'ski:nə]
de was doen	at vaske tøj	[ʌ 'vaskə 'tʌj]
waspoeder (de)	vaskepulver (i)	['vaskəˌpɔl²vʌ]

73. Huishoudelijke apparaten

televisie (de)	tv, fjernsyn (i)	['te²ˌve²], ['fjæɐ̯nˌsy²n]
cassettespeler (de)	båndoptager (f)	['bɔnˌʌbtæ²ʌ]
videorecorder (de)	video (f)	['vi²djo]
radio (de)	radio (i)	['ʁɑ²djo]
speler (de)	afspiller (f)	['awˌspel²ʌ]

videoprojector (de)	projektor (f)	[pʁo'ɕɛktʌ]
home theater systeem (het)	hjemmebio (f)	['jɛməˌbi:o]
DVD-speler (de)	dvd-afspiller (f)	[deve'de² aw'spel²ʌ]
versterker (de)	forstærker (f)	[fʌ'stæɐ̯kʌ]
spelconsole (de)	spillekonsol (f)	['spelə kɔn'sʌl²]

videocamera (de)	videokamera (i)	['vi²djo ˌkæ²məʁɑ]
fotocamera (de)	kamera (i)	['kæ²məʁɑ]
digitale camera (de)	digitalkamera (i)	[digi'tæ²l ˌkæ²məʁɑ]

stofzuiger (de)	støvsuger (f)	['støwˌsu²ʌ]
strijkijzer (het)	strygejern (i)	['stʁyəˌjæɐ̯²n]
strijkplank (de)	strygebræt (i)	['stʁyəˌbʁat]

telefoon (de)	telefon (f)	[telə'fo²n]
mobieltje (het)	mobiltelefon (f)	[mo'bil telə'fo²n]
schrijfmachine (de)	skrivemaskine (f)	['skʁi:və ma'ski:nə]
naaimachine (de)	symaskine (f)	['symaˌski:nə]

microfoon (de)	mikrofon (f)	[mikʁo'fo²n]
koptelefoon (de)	hovedtelefoner (f pl)	['ho:əð telə'fo²nʌ]
afstandsbediening (de)	fjernbetjening (f)	['fjæɐ̯n be'tjɛ²neŋ]

CD (de)	cd (f)	[se'de²]
cassette (de)	kassette (f)	[ka'sɛtə]
vinylplaat (de)	plade (f)	['plæ:ðə]

DE AARDE. WEER

74. De kosmische ruimte

kosmos (de)	rummet, kosmos (i)	['ʁɔmet], ['kʌsmʌs]
kosmisch (bn)	rum-	['ʁɔm-]
kosmische ruimte (de)	ydre rum (i)	['yðʁʌ ʁɔmˀ]
wereld (de)	verden (f)	['væɡdən]
heelal (het)	univers (i)	[uni'væɡs]
sterrenstelsel (het)	galakse (f)	[ga'lɑksə]
ster (de)	stjerne (f)	['stjæɡnə]
sterrenbeeld (het)	stjernebillede (i)	['stjæɡnəˌbeleðə]
planeet (de)	planet (f)	[pla'neˀt]
satelliet (de)	satellit (f)	[satə'lit]
meteoriet (de)	meteorit (f)	[meteo'ʁit]
komeet (de)	komet (f)	[ko'meˀt]
asteroïde (de)	asteroide (f)	[astəʁo'i:ðə]
baan (de)	bane (f)	['bæ:nə]
draaien (om de zon, enz.)	at rotere	[ʌ ʁo'teˀʌ]
atmosfeer (de)	atmosfære (f)	[atmo'sfɛ:ʌ]
Zon (de)	Solen	['so:lən]
zonnestelsel (het)	solsystem (i)	['so:l sy'steˀm]
zonsverduistering (de)	solformørkelse (f)	['so:l fʌ'mœɡkəlsə]
Aarde (de)	Jorden	['joˀɡən]
Maan (de)	Månen	['mɔ:nən]
Mars (de)	Mars	['mɑˀs]
Venus (de)	Venus	['ve:nus]
Jupiter (de)	Jupiter	['jupitʌ]
Saturnus (de)	Saturn	['sæˌtuɡn]
Mercurius (de)	Merkur	[mæɡ'kuɡˀ]
Uranus (de)	Uranus	[u'ʁanus]
Neptunus (de)	Neptun	[nɛp'tuˀn]
Pluto (de)	Pluto	['pluto]
Melkweg (de)	Mælkevejen	['mɛlkəˌvajən]
Grote Beer (de)	Store Bjørn	['stoɡ ˌbjœɡˀn]
Poolster (de)	Polarstjernen	[po'lɑˌstjæɡnən]
marsmannetje (het)	marsboer (f)	['mɑˀsˌboˀʌ]
buitenaards wezen (het)	ikkejordisk væsen (i)	[ˌekə'joɡdisk ˌvɛˀsən]
bovenaards (het)	rumvæsen (i)	['ʁɔmˌvɛˀsən]
vliegende schotel (de)	flyvende tallerken (f)	['fly:vənə ta'læɡkən]
ruimtevaartuig (het)	rumskib (i)	['ʁɔmˌskiˀb]

ruimtestation (het)	**rumstation** (f)	['ʁɔm sta'ɕo'n]
start (de)	**start** (f)	['stɑ'd]
motor (de)	**motor** (f)	['mo:tʌ]
straalpijp (de)	**dyse** (f)	['dysə]
brandstof (de)	**brændsel** (i)	['bʁan'səl]
cabine (de)	**cockpit** (i)	['kʌk‚pit]
antenne (de)	**antenne** (f)	[an'tɛnə]
patrijspoort (de)	**koøje** (i)	['ko‚ʌjə]
zonnebatterij (de)	**solbatteri** (i)	['so:lbatʌ'ʁi']
ruimtepak (het)	**rumdragt** (f)	['ʁɔm‚dʁɑgt]
gewichtloosheid (de)	**vægtløshed** (f)	['vɛgtlø:s‚heð']
zuurstof (de)	**ilt** (f), **oxygen** (i)	['il't], [ʌgsy'ge'n]
koppeling (de)	**dokning** (f)	['dʌknen]
koppeling maken	**at dokke**	[ʌ 'dʌkə]
observatorium (het)	**observatorium** (i)	[ʌbsæɡva'toɡ'jɔm]
telescoop (de)	**teleskop** (i)	[telə'sko'p]
waarnemen (ww)	**at observere**	[ʌ ʌbsæɡ've'ʌ]
exploreren (ww)	**at udforske**	[ʌ 'uð‚fɔːskə]

75. De Aarde

Aarde (de)	**Jorden**	['jo'ɡən]
aardbol (de)	**jordklode** (f)	['joɡ‚klo:ðə]
planeet (de)	**planet** (f)	[pla'ne'd]
atmosfeer (de)	**atmosfære** (f)	[atmo'sfɛːʌ]
aardrijkskunde (de)	**geografi** (f)	[geogʁɑ'fi']
natuur (de)	**natur** (f)	[na'tuɡ']
wereldbol (de)	**globus** (f)	['glo:bus]
kaart (de)	**kort** (i)	['kɒ:t]
atlas (de)	**atlas** (i)	['atlas]
Europa (het)	**Europa**	[œw'ʁo:pa]
Azië (het)	**Asien**	['æ'ɕən]
Afrika (het)	**Afrika**	['afʁika]
Australië (het)	**Australien**	[aw'stʁɑ'ljən]
Amerika (het)	**Amerika**	[ɑ'meʁika]
Noord-Amerika (het)	**Nordamerika**	['noɡ ɑ'meʁika]
Zuid-Amerika (het)	**Sydamerika**	['syð ɑ'meʁika]
Antarctica (het)	**Antarktis**	[an'tɑ'ktis]
Arctis (de)	**Arktis**	['ɑ'ktis]

76. Windrichtingen

noorden (het)	**nord** (i)	['no'ɡ]
naar het noorden	**mod nord**	[moð 'no'ɡ]

in het noorden	**i nord**	[i 'noˀɡ]
noordelijk (bn)	**nordlig**	['noɡli]
zuiden (het)	**syd** (f)	['syð]
naar het zuiden	**mod syd**	[moð 'syð]
in het zuiden	**i syd**	[i 'syð]
zuidelijk (bn)	**sydlig**	['syðli]
westen (het)	**vest** (f)	['vɛst]
naar het westen	**mod vest**	[moð 'vɛst]
in het westen	**i vest**	[i 'vɛst]
westelijk (bn)	**vestlig**	['vɛstli]
oosten (het)	**øst** (f)	['øst]
naar het oosten	**mod øst**	[moð 'øst]
in het oosten	**i øst**	[i 'øst]
oostelijk (bn)	**østlig**	['østli]

77. Zee. Oceaan

zee (de)	**hav** (i)	['haw]
oceaan (de)	**ocean** (i)	[ose'æˀn]
golf (baai)	**bugt** (f)	['bɔgt]
straat (de)	**stræde** (i), **sund** (i)	['stʁɛːðə], ['sɔnˀ]
grond (vaste grond)	**land** (i)	['lanˀ]
continent (het)	**fastland, kontinent** (i)	['fast‚lanˀ], [kʌnti'nɛnˀt]
eiland (het)	**ø** (f)	['øˀ]
schiereiland (het)	**halvø** (f)	['hal‚øˀ]
archipel (de)	**øhav, arkipelag** (i)	['ø‚haw], [ɑkipe'læˀj]
baai, bocht (de)	**bugt** (f)	['bɔgt]
haven (de)	**havn** (f)	['hawˀn]
lagune (de)	**lagune** (f)	[la'guːnə]
kaap (de)	**kap** (i)	['kɑp]
atol (de)	**atol** (f)	[a'tʌlˀ]
rif (het)	**rev** (i)	['ʁɛw]
koraal (het)	**koral** (f)	[ko'ʁalˀ]
koraalrif (het)	**koralrev** (i)	[ko'ʁal‚ʁɛw]
diep (bn)	**dyb**	['dyˀb]
diepte (de)	**dybde** (f)	['dybdə]
diepzee (de)	**afgrund** (f), **dyb** (i)	['aw‚gʁɔnˀ], ['dyˀb]
trog (bijv. Marianentrog)	**oceangrav** (f)	[ose‚æn 'gʁaˀw]
stroming (de)	**strøm** (f)	['stʁœmˀ]
omspoelen (ww)	**at omgive**	[ʌ 'ʌm‚giˀ]
oever (de)	**kyst** (f)	['køst]
kust (de)	**kyst** (f)	['køst]
vloed (de)	**flod** (f)	['floˀð]
eb (de)	**ebbe** (i)	['ɛbə]

ondiepte (ondiep water)	**sandbanke** (f)	['san,baŋkə]
bodem (de)	**bund** (f)	['bɔnˀ]

golf (hoge ~)	**bølge** (f)	['bøljə]
golfkam (de)	**bølgekam** (f)	['bøljə,kamˀ]
schuim (het)	**skum** (i)	['skɔmˀ]

storm (de)	**storm** (f)	['stɔˀm]
orkaan (de)	**orkan** (f)	[ɒ'kæˀn]
tsunami (de)	**tsunami** (f)	[tsu'nɑːmi]
windstilte (de)	**stille** (i)	['stelə]
kalm (bijv. ~e zee)	**stille**	['stelə]

pool (de)	**pol** (f)	['poˀl]
polair (bn)	**polar-**	[po'lɑ-]

breedtegraad (de)	**bredde** (f)	['bʁɛˀdə]
lengtegraad (de)	**længde** (f)	['lɛŋˀdə]
parallel (de)	**breddegrad** (f)	['bʁɛˀdə,gʁɑˀð]
evenaar (de)	**ækvator** (f)	[ɛ'kvæːtʌ]

hemel (de)	**himmel** (f)	['heməl]
horizon (de)	**horisont** (f)	[hɒi'sʌnˀt]
lucht (de)	**luft** (f)	['lɔft]

vuurtoren (de)	**fyr** (i)	['fyɐ̯ˀ]
duiken (ww)	**at dykke**	[ʌ 'døkə]
zinken (ov. een boot)	**at synke**	[ʌ 'søŋkə]
schatten (mv.)	**skatte** (f pl)	['skatə]

78. Namen van zeeën en oceanen

Atlantische Oceaan (de)	**Atlanterhavet**	[atˈlanˀtʌ,hæˀvəð]
Indische Oceaan (de)	**Det Indiske Ocean**	[de 'enˀdiskə ose'æˀn]
Stille Oceaan (de)	**Stillehavet**	['stelə,hæˀvəð]
Noordelijke IJszee (de)	**Polarhavet**	[po'lɑ,hæˀvəð]

Zwarte Zee (de)	**Sortehavet**	['soɐ̯tə,hæˀvəð]
Rode Zee (de)	**Rødehavet**	['ʁœːðə,hæˀvəð]
Gele Zee (de)	**Det Gule hav**	[de 'gulə 'haw]
Witte Zee (de)	**Hvidehavet**	['viːðə,hæˀvəð]

Kaspische Zee (de)	**Det Kaspiske Hav**	[de 'kaspiːskə 'haw]
Dode Zee (de)	**Dødehavet**	['døːðə,hæˀvəð]
Middellandse Zee (de)	**Middelhavet**	['miðəl,hæˀvəð]

Egeïsche Zee (de)	**Ægæerhavet**	[ɛ'gɛˀɛʌ 'hæˀvəð]
Adriatische Zee (de)	**Adriaterhavet**	[æˀdʁi'æˀtʌ 'hæˀvəð]

Arabische Zee (de)	**Arabiahavet**	[ɑ'ʁɑˀbia 'hæˀvəð]
Japanse Zee (de)	**Det Japanske Hav**	[de ja'pæˀnskə 'haw]
Beringzee (de)	**Beringshavet**	['beːʁeŋs,hæˀvəð]
Zuid-Chinese Zee (de)	**Det Sydkinesiske Hav**	[de 'syðki,neːsiskə 'haw]
Koraalzee (de)	**Koralhavet**	[ko'ʁal,hæˀvəð]

| Tasmanzee (de) | Det Tasmanske hav | [de tas'manskə 'haw] |
| Caribische Zee (de) | Det Caribiske Hav | [de kɑ'ʁibiskə ˌhaw] |

| Barentszzee (de) | Barentshavet | ['bɑːænts̩hæˀveð] |
| Karische Zee (de) | Karahavet | ['kɑɑˌhæˀveð] |

Noordzee (de)	Nordsøen	['noɡ̩søˀən]
Baltische Zee (de)	Østersøen	['østʌˌsøˀən]
Noorse Zee (de)	Norskehavet	['nɒːskəˌhæˀveð]

79. Bergen

berg (de)	bjerg (i)	['bjæɡˀw]
bergketen (de)	bjergkæde (f)	['bjæɡwˌkɛːðə]
gebergte (het)	bjergryg (f)	['bjæɡwˌʁœg]

bergtop (de)	top (f), bjergtop (f)	['tʌp], ['bjæɡwˌtʌp]
bergpiek (de)	tinde (f)	['tenə]
voet (ov. de berg)	fod (f)	['foˀð]
helling (de)	skråning (f)	['skʁoˀnen]

vulkaan (de)	vulkan (f)	[vul'kæˀn]
actieve vulkaan (de)	aktiv vulkan (f)	['ɑkˌtiwˀ vul'kæˀn]
uitgedoofde vulkaan (de)	udslukt vulkan (f)	['uðˌslokt vul'kæˀn]

uitbarsting (de)	udbrud (i)	['uðˌbʁuð]
krater (de)	krater (i)	['kʁɑˀtʌ]
magma (het)	magma (i, f)	['mɑwma]
lava (de)	lava (f)	['læːva]
gloeiend (~e lava)	glødende	['gløːðənə]

kloof (canyon)	canyon (f)	['kanjʌn]
bergkloof (de)	kløft (f)	['kløft]
spleet (de)	revne (f)	['ʁawnə]
afgrond (de)	afgrund (f)	['awˌgʁɔnˀ]

bergpas (de)	pas (i)	['pas]
plateau (het)	plateau (i)	[pla'to]
klip (de)	klippe (f)	['klepə]
heuvel (de)	bakke (f)	['bɑkə]

gletsjer (de)	gletsjer (f)	['glɛtɕʌ]
waterval (de)	vandfald (i)	['vanˌfalˀ]
geiser (de)	gejser (f)	['gɑjˀsʌ]
meer (het)	sø (f)	['søˀ]

vlakte (de)	slette (f)	['slɛtə]
landschap (het)	landskab (i)	['lanˌskæˀb]
echo (de)	ekko (i)	['ɛko]

alpinist (de)	alpinist (f)	[alpi'nist]
bergbeklimmer (de)	bjergbestiger (f)	['bjæɡwbe'stiˀə]
trotseren (berg ~)	at erobre	[ʌ e'ʁoˀbʁʌ]
beklimming (de)	bestigning (f)	[be'stiˀnen]

80. Bergen namen

Alpen (de)	**Alperne**	['alpɒnə]
Mont Blanc (de)	**Mont Blanc**	[ˌmɒn'blʌn]
Pyreneeën (de)	**Pyrenæerne**	[pyɐ̯'nɛːɐ̯nə]
Karpaten (de)	**Karpaterne**	[kɑː'pætɒnə]
Oeralgebergte (het)	**Uralbjergene**	[u:'ʁæˀl 'bjæɐ̯ˀwənə]
Kaukasus (de)	**Kaukasus**	['kɑukasus]
Elbroes (de)	**Elbrus**	[ɛl'bʁu:s]
Altaj (de)	**Altaj**	[al'tɑj]
Tiensjan (de)	**Tien-Shan**	[ti'enˌɕæn]
Pamir (de)	**Pamir**	[pæ'miɐ̯ˀ]
Himalaya (de)	**Himalaya**	[hima'lɑja]
Everest (de)	**Everest**	['ɛːvʁɛst]
Andes (de)	**Andesbjergene**	['anəs 'bjæɐ̯ˀwənə]
Kilimanjaro (de)	**Kilimanjaro**	[kiliman'dʒaʁo:]

81. Rivieren

rivier (de)	**flod** (f)	['flo'ð]
bron (~ van een rivier)	**kilde** (f)	['kilə]
rivierbedding (de)	**flodseng** (f)	['floðˌsɛŋˀ]
rivierbekken (het)	**flodbassin** (i)	['floð ba'sɛŋ]
uitmonden in ...	**at munde ud ...**	[ʌ 'mɒnə uð' ...]
zijrivier (de)	**biflod** (f)	['biˌflo'ð]
oever (de)	**bred** (f)	['bʁɛð']
stroming (de)	**strøm** (f)	['stʁœmˀ]
stroomafwaarts (bw)	**nedstrøms**	['neðˌstʁœmˀs]
stroomopwaarts (bw)	**opstrøms**	['ʌpˌstʁœmˀs]
overstroming (de)	**oversvømmelse** (f)	['ɒwʌˌsvœmˀəlsə]
overstroming (de)	**flom** (f)	['flʌmˀ]
buiten zijn oevers treden	**at flyde over**	[ʌ 'fly:ðə 'ɒw'ʌ]
overstromen (ww)	**at oversvømme**	[ʌ 'ɒwʌˌsvœmˀə]
zandbank (de)	**grund** (f)	['gʁɒnˀ]
stroomversnelling (de)	**strømfald** (i)	['stʁœmˌfalˀ]
dam (de)	**dæmning** (f)	['dɛmnəŋ]
kanaal (het)	**kanal** (f)	[ka'næˀl]
spaarbekken (het)	**reservoir** (i)	[ʁɛsæɐ̯vo'ɑ:]
sluis (de)	**sluse** (f)	['slu:sə]
waterlichaam (het)	**vandområde** (i)	['van 'ʌmˌʁɔ:ðə]
moeras (het)	**sump, mose** (f)	['sɒmˀp], ['mo:sə]
broek (het)	**hængesæk** (f)	['hɛŋəˌsɛk]
draaikolk (de)	**strømhvirvel** (f)	['stʁœmˌviɐ̯ˀwəl]
stroom (de)	**bæk** (f)	['bɛk]

drink- (abn)	drikke-	['dʁɛkə-]
zoet (~ water)	ferske	['fæɐ̯skə]
IJs (het)	is (f)	['i's]
bevriezen (rivier, enz.)	at fryse til	[ʌ 'fʁy:sə tel]

82. Namen van rivieren

Seine (de)	Seinen	['sɛ:nən]
Loire (de)	Loire	[lu'ɒ:ʁ]
Theems (de)	Themsen	['tɛmsən]
Rijn (de)	Rhinen	['ʁi:nən]
Donau (de)	Donau	[dɔ'nɑu]
Wolga (de)	Volga	['volga]
Don (de)	Don	['dɔn]
Lena (de)	Lena	['le:na]
Gele Rivier (de)	Huang He	[hu͜ɑng'he:]
Blauwe Rivier (de)	Yangtze	['jɑntsə]
Mekong (de)	Mekong	[me'kɔn]
Ganges (de)	Ganges	['gɑ:ŋəs]
Nijl (de)	Nilen	['ni:lən]
Kongo (de)	Congo	['kʌngo]
Okavango (de)	Okavango	[ɔka'vɑngo]
Zambezi (de)	Zambezi	[sɑm'bɛsi]
Limpopo (de)	Limpopo	[li:mpopo]
Mississippi (de)	Mississippi	['misisi:pi]

83. Bos

bos (het)	skov (f)	['skɒwˀ]
bos- (abn)	skov-	['skɒw-]
oerwoud (dicht bos)	tæt skov (f)	['tɛt ˌskɒwˀ]
bosje (klein bos)	lund (f)	['lɔnˀ]
open plek (de)	lysning (f)	['lysnen]
struikgewas (het)	tæt krat (i)	['tɛt 'kʁɑt]
struiken (mv.)	buskads (i)	[bu'skæˀs]
paadje (het)	sti (f)	['stiˀ]
ravijn (het)	ravine (f)	[ʁɑ'vi:nə]
boom (de)	træ (i)	['tʁɛˀ]
blad (het)	blad (i)	['blað]
gebladerte (het)	løv (i)	['løˀw]
vallende bladeren (mv.)	løvfald (i)	['løwˌfalˀ]
vallen (ov. de bladeren)	at falde	[ʌ 'falə]

boomtop (de)	trætop (f)	['tʁɛˌtʌp]
tak (de)	kvist (f)	['kvest]
ent (de)	gren (f)	['gʁɛʔn]
knop (de)	knop (f)	['knɔp]
naald (de)	nål (f)	['nɔʔl]
dennenappel (de)	kogle (f)	['kɒwlə]

boom holte (de)	træhul (i)	['tʁɛˌhɔl]
nest (het)	rede (f)	['ʁɛːðə]
hol (het)	hule (f)	['huːlə]

stam (de)	stamme (f)	['stɑmə]
wortel (bijv. boom~s)	rod (f)	['ʁoʔð]
schors (de)	bark (f)	['bɑːk]
mos (het)	mos (i)	['mɔs]

ontwortelen (een boom)	at rykke op med rode	[ʌ 'ʁœkə ʌp mɛ 'ʁoːðə]
kappen (een boom ~)	at fælde	[ʌ 'fɛlə]
ontbossen (ww)	at hugge ned	[ʌ 'hogə 'neðʔ]
stronk (de)	træstub (f)	['tʁɛˌstub]

kampvuur (het)	bål (i)	['bɔʔl]
bosbrand (de)	skovbrand (f)	['skɒwˌbʁɑnʔ]
blussen (ww)	at slukke	[ʌ 'slɔkə]

boswachter (de)	skovløber (f)	['skɒwˌløːbʌ]
bescherming (de)	værn (i), beskyttelse (f)	['væg̊ʔn], [be'skøtəlsə]
beschermen (bijv. de natuur ~)	at beskytte	[ʌ be'skøtə]
stroper (de)	krybskytte (f)	['kʁybˌskøtə]
val (de)	saks (f), fælde (f)	['sɑks], ['fɛlə]

| plukken (vruchten, enz.) | at plukke | [ʌ 'plɔkə] |
| verdwalen (de weg kwijt zijn) | at fare vild | [ʌ 'faːɑ 'vilʔ] |

84. Natuurlijke hulpbronnen

natuurlijke rijkdommen (mv.)	naturressourcer (f pl)	[na'tuɐ ʁɛ'suɐsʌ]
delfstoffen (mv.)	mineraler (i pl)	[minə'ʁaʔlʌ]
lagen (mv.)	forekomster (f pl)	['fɔːɒˌkʌmʔstʌ]
veld (bijv. olie~)	felt (i)	['fɛlʔt]

winnen (uit erts ~)	at udvinde	[ʌ 'uðˌvenʔə]
winning (de)	udvinding (f)	['uðˌvenen]
erts (het)	malm (f)	['malʔm]
mijn (bijv. kolenmijn)	mine (f)	['miːnə]
mijnschacht (de)	mineskakt (f)	['minəˌskakt]
mijnwerker (de)	minearbejder (f)	['miːnəˈɑːˌbɑjʔdʌ]

| gas (het) | gas (f) | ['gas] |
| gasleiding (de) | gasledning (f) | ['gasˌleðnen] |

| olie (aardolie) | olie (f) | ['oljə] |
| olieleiding (de) | olieledning (f) | ['oljəˌleðnen] |

oliebron (de)	**oliebrønd** (f)	['oljə͵bʁœn']
boortoren (de)	**boretårn** (i)	['boːʌ͵toˀn]
tanker (de)	**tankskib** (i)	['tɑŋk͵skiˀb]
zand (het)	**sand** (i)	['sanˀ]
kalksteen (de)	**kalksten** (f)	['kalk͵steˀn]
grind (het)	**grus** (i)	['gʁuˀs]
veen (het)	**tørv** (f)	['tœɐ̯ˀw]
klei (de)	**ler** (i)	['leˀɐ̯]
steenkool (de)	**kul** (i)	['kɔl]
IJzer (het)	**jern** (i)	['jæɐ̯ˀn]
goud (het)	**guld** (i)	['gul]
zilver (het)	**sølv** (i)	['søl]
nikkel (het)	**nikkel** (i)	['nekəl]
koper (het)	**kobber** (i)	['kɒwˀʌ]
zink (het)	**zink** (i, f)	['seŋˀk]
mangaan (het)	**mangan** (i)	[mɑŋ'gæˀn]
kwik (het)	**kviksølv** (i)	['kvik͵søl]
lood (het)	**bly** (i)	['blyˀ]
mineraal (het)	**mineral** (i)	[minə'ʁɑˀl]
kristal (het)	**krystal** (i, f)	[kʁy'stalˀ]
marmer (het)	**marmor** (i)	['mɑˀmoɐ̯]
uraan (het)	**uran** (i, f)	[u'ʁɑˀn]

85. Weer

weer (het)	**vejr** (i)	['vɛˀɐ̯]
weersvoorspelling (de)	**vejrudsigt** (f)	['vɛɐ̯͵uðsegt]
temperatuur (de)	**temperatur** (f)	[tɛmpʁɑ'tuɐ̯ˀ]
thermometer (de)	**termometer** (i)	[tæɐ̯mo'meˀtʌ]
barometer (de)	**barometer** (i)	[bɑo'meˀtʌ]
vochtig (bn)	**fugtig**	['fɔgti]
vochtigheid (de)	**fugtighed** (f)	['fɔgti͵heð']
hitte (de)	**hede** (f)	['heːðə]
heet (bn)	**hed**	['heðˀ]
het is heet	**det er hedt**	[de 'æɐ̯ 'heðˀ]
het is warm	**det er varmt**	[de 'æɐ̯ 'vɑˀmt]
warm (bn)	**varm**	['vɑˀm]
het is koud	**det er koldt**	[de 'æɐ̯ 'kʌlt]
koud (bn)	**kold**	['kʌlˀ]
zon (de)	**sol** (f)	['soˀl]
schijnen (de zon)	**at skinne**	[ʌ 'skenə]
zonnig (~e dag)	**solrig**	['soːl͵ʁiˀ]
opgaan (ov. de zon)	**at stå op**	[ʌ stɔˀ 'ʌp]
ondergaan (ww)	**at gå ned**	[ʌ gɔˀ 'neðˀ]
wolk (de)	**sky** (f)	['skyˀ]
bewolkt (bn)	**skyet**	['skyːəð]

regenwolk (de)	regnsky (f)	[ˈʁɑjnˌskyˀ]
somber (bn)	mørk	[ˈmœɐ̯k]

regen (de)	regn (f)	[ˈʁɑjˀn]
het regent	det regner	[de ˈʁɑjnʌ]
regenachtig (bn)	regnvejrs-	[ˈʁɑjnˌvɛɐ̯s-]
motregenen (ww)	at småregne	[ʌ ˈsmɒʁɑjnə]

plensbui (de)	øsende regn (f)	[ˈøːsənə ˌʁɑjˀn]
stortbui (de)	styrtregn (f)	[ˈstyɐ̯tˌʁɑjˀn]
hard (bn)	kraftig, heftig	[ˈkʁɑfti], [ˈhɛfti]
plas (de)	vandpyt (f)	[ˈvanˌpyt]
nat worden (ww)	at blive våd	[ʌ ˈbliːə ˈvɔˀð]

mist (de)	tåge (f)	[ˈtɔːwə]
mistig (bn)	tåget	[ˈtɔːwəð]
sneeuw (de)	sne (f)	[ˈsneˀ]
het sneeuwt	det sner	[de ˈsneˀʌ]

86. Zwaar weer. Natuurrampen

noodweer (storm)	tordenvejr (i)	[ˈtoɐ̯dənˌvɛˀɐ̯]
bliksem (de)	lyn (i)	[ˈlyˀn]
flitsen (ww)	at glimte	[ʌ ˈglemtə]

donder (de)	torden (f)	[ˈtoɐ̯dən]
donderen (ww)	at tordne	[ʌ ˈtoɐ̯dnə]
het dondert	det tordner	[de ˈtoɐ̯dnʌ]

hagel (de)	hagl (i)	[ˈhɑwˀl]
het hagelt	det hagler	[de ˈhɑwlɐ̯]

overstromen (ww)	at oversvømme	[ʌ ˈɒwʌˌsvœmˀə]
overstroming (de)	oversvømmelse (f)	[ˈɒwʌˌsvœmˀəlsə]

aardbeving (de)	jordskælv (i)	[ˈjoɐ̯ˌskɛlˀv]
aardschok (de)	skælv (i)	[ˈskɛlˀv]
epicentrum (het)	epicenter (i)	[epiˈsɛnˀtʌ]

uitbarsting (de)	udbrud (i)	[ˈuðˌbʁuð]
lava (de)	lava (f)	[ˈlæːva]

wervelwind (de)	skypumpe (f)	[ˈskyˌpɒmpə]
windhoos (de)	tornado (f)	[toˈnæːdo]
tyfoon (de)	tyfon (f)	[tyˈfoˀn]

orkaan (de)	orkan (f)	[ɒˈkæˀn]
storm (de)	storm (f)	[ˈstɒˀm]
tsunami (de)	tsunami (f)	[tsuˈnaːmi]

cycloon (de)	cyklon (f)	[syˈkloˀn]
onweer (het)	uvejr (i)	[ˈuˌvɛˀɐ̯]
brand (de)	brand (f)	[ˈbʁanˀ]
ramp (de)	katastrofe (f)	[kataˈstʁoːfə]

meteoriet (de)	**meteorit** (f)	[meteoˈʁit]
lawine (de)	**lavine** (f)	[laˈviːnə]
sneeuwverschuiving (de)	**sneskred** (i)	[ˈsneˌskʁɛð]
sneeuwjacht (de)	**snefog** (i)	[ˈsneˌfowˀ]
sneeuwstorm (de)	**snestorm** (f)	[ˈsneˌstɒˀm]

FAUNA

87. Zoogdieren. Roofdieren

roofdier (het)	**rovdyr** (i)	['ʁɒwˌdyɡ̊ˀ]
tijger (de)	**tiger** (f)	['tiːʌ]
leeuw (de)	**løve** (f)	['løːvə]
wolf (de)	**ulv** (f)	['ulˀv]
vos (de)	**ræv** (f)	['ʁɛˀw]
jaguar (de)	**jaguar** (f)	[jaguˈɑˀ]
luipaard (de)	**leopard** (f)	[leoˈpɑˀd]
jachtluipaard (de)	**gepard** (f)	[geˈpɑˀd]
panter (de)	**panter** (f)	['panˀtʌ]
poema (de)	**puma** (f)	['puːma]
sneeuwluipaard (de)	**sneleopard** (f)	['sne leoˈpɑˀd]
lynx (de)	**los** (f)	['lʌs]
coyote (de)	**coyote, prærieulv** (f)	[koˈjoːtə], ['pʁɛɡ̊jəˌulˀv]
jakhals (de)	**sjakal** (f)	[ɕaˈkæˀl]
hyena (de)	**hyæne** (f)	[hyˈɛːnə]

88. Wilde dieren

dier (het)	**dyr** (i)	['dyɡ̊ˀ]
beest (het)	**bæst** (i), **udyr** (i)	['bɛˀst], ['uˌdyɡ̊ˀ]
eekhoorn (de)	**egern** (i)	['eˀjʌn]
egel (de)	**pindsvin** (i)	['penˌsviˀn]
haas (de)	**hare** (f)	['hɑːɑ]
konijn (het)	**kanin** (f)	[kaˈniˀn]
das (de)	**grævling** (f)	['gʁawleŋ]
wasbeer (de)	**vaskebjørn** (f)	['vaskəˌbjœɡ̊ˀn]
hamster (de)	**hamster** (f)	['hamˀstʌ]
marmot (de)	**murmeldyr** (i)	['muɡ̊ˀməlˌdyɡ̊ˀ]
mol (de)	**muldvarp** (f)	['mulˌvɑːp]
muis (de)	**mus** (f)	['muˀs]
rat (de)	**rotte** (f)	['ʁʌtə]
vleermuis (de)	**flagermus** (f)	['flawʌˌmuˀs]
hermelijn (de)	**hermelin** (f)	[hæɡ̊məˈliˀn]
sabeldier (het)	**zobel** (f)	['soˀbəl]
marter (de)	**mår** (f)	['mɒˀ]
wezel (de)	**brud** (f)	['bʁuð]
nerts (de)	**mink** (f)	['meŋˀk]

bever (de)	**bæver** (f)	['bɛˀvʌ]
otter (de)	**odder** (f)	['ʌðˀʌ]
paard (het)	**hest** (f)	['hɛst]
eland (de)	**elg** (f)	['ɛlˀj]
hert (het)	**hjort** (f)	['joːt]
kameel (de)	**kamel** (f)	[ka'meˀl]
bizon (de)	**bison** (f)	['bisʌn]
oeros (de)	**urokse** (f)	['uɐ̯ˌʌksə]
buffel (de)	**bøffel** (f)	['bøfəl]
zebra (de)	**zebra** (f)	['seːbʁɑ]
antilope (de)	**antilope** (f)	[anti'loːpə]
ree (de)	**rådyr** (i), **rå** (f)	['ʁʌˌdyɐ̯], ['ʁɔˀ]
damhert (het)	**dådyr** (i)	['dʌˌdyɐ̯]
gems (de)	**gemse** (f)	['gɛmsə]
everzwijn (het)	**vildsvin** (i)	['vilˌsviˀn]
walvis (de)	**hval** (f)	['væˀl]
rob (de)	**sæl** (f)	['sɛˀl]
walrus (de)	**hvalros** (f)	['valˌʁʌs]
zeehond (de)	**pelssæl** (f)	['pɛlsˌsɛˀl]
dolfijn (de)	**delfin** (f)	[dɛl'fiˀn]
beer (de)	**bjørn** (f)	['bjœɐ̯ˀn]
IJsbeer (de)	**isbjørn** (f)	['isˌbjœɐ̯ˀn]
panda (de)	**panda** (f)	['panda]
aap (de)	**abe** (f)	['æːbə]
chimpansee (de)	**chimpanse** (f)	[ɕim'pansə]
orang-oetan (de)	**orangutang** (f)	[o'ʁɑŋguˌtɑŋˀ]
gorilla (de)	**gorilla** (f)	[go'ʁila]
makaak (de)	**makak** (f)	[mæ'kɑk]
gibbon (de)	**gibbon** (f)	['gibʌn]
olifant (de)	**elefant** (f)	[ele'fanˀt]
neushoorn (de)	**næsehorn** (i)	['nɛːsəˌhoɐ̯ˀn]
giraffe (de)	**giraf** (f)	[gi'ʁɑf]
nijlpaard (het)	**flodhest** (f)	['floðˌhɛst]
kangoeroe (de)	**kænguru** (f)	[kɛŋguːʁu]
koala (de)	**koala** (f)	[ko'æːla]
mangoest (de)	**mangust** (f)	[mɑŋ'gust]
chinchilla (de)	**chinchilla** (f)	[tjen'tjila]
stinkdier (het)	**skunk** (f)	['skɔŋˀk]
stekelvarken (het)	**hulepindsvin** (i)	['huːlə 'penˌsviˀn]

89. Huisdieren

poes (de)	**kat** (f)	['kat]
kater (de)	**hankat** (f)	['hanˌkat]
hond (de)	**hund** (f)	['hunˀ]

paard (het)	**hest** (f)	['hɛst]
hengst (de)	**hingst** (f)	['heŋ'st]
merrie (de)	**hoppe** (f)	['hʌpə]

koe (de)	**ko** (f)	['ko']
stier (de)	**tyr** (f)	['tyɡ']
os (de)	**okse** (f)	['ʌksə]

schaap (het)	**får** (i)	['fɑ:]
ram (de)	**vædder** (f)	['vɛð'ʌ]
geit (de)	**ged** (f)	['geð']
bok (de)	**gedebuk** (f)	['ge:ðə,bɔk]

ezel (de)	**æsel** (i)	['ɛ'səl]
muilezel (de)	**muldyr** (i)	['mul,dyɡ']

varken (het)	**svin** (i)	['svi'n]
biggetje (het)	**gris** (f)	['gʁi's]
konijn (het)	**kanin** (f)	[ka'ni'n]

kip (de)	**høne** (f)	['hœ:nə]
haan (de)	**hane** (f)	['hæ:nə]

eend (de)	**and** (f)	['an']
woerd (de)	**andrik** (f)	['an'dʁɛk]
gans (de)	**gås** (f)	['gɔ's]

kalkoen haan (de)	**kalkun hane** (f)	[kal'ku'n 'hæ:nə]
kalkoen (de)	**kalkun** (f)	[kal'ku'n]

huisdieren (mv.)	**husdyr** (i pl)	['hus,dyɡ']
tam (bijv. hamster)	**tam**	['tam']
temmen (tam maken)	**at tæmme**	[ʌ 'tɛmə]
fokken (bijv. paarden ~)	**at avle, at opdrætte**	[ʌ 'awlə], [ʌ 'ʌp,dʁatə]

boerderij (de)	**farm** (f)	['fɑ'm]
gevogelte (het)	**fjerkræ** (i)	['fjeɡ,kʁɛ']
rundvee (het)	**kvæg** (i)	['kvɛ'j]
kudde (de)	**hjord** (f)	['jɒ'd]

paardenstal (de)	**stald** (f)	['stal']
zwijnenstal (de)	**svinesti** (f)	['svinə,sti']
koeienstal (de)	**kostald** (f)	['ko,stal']
konijnenhok (het)	**kaninbur** (i)	[ka'nin,buɡ']
kippenhok (het)	**hønsehus** (i)	['hœnsə,hu's]

90. Vogels

vogel (de)	**fugl** (f)	['fu'l]
duif (de)	**due** (f)	['du:ə]
mus (de)	**spurv** (f)	['spuɡ'w]
koolmees (de)	**musvit** (f)	[mu'svit]
ekster (de)	**skade** (f)	['skæ:ðə]
raaf (de)	**ravn** (f)	['ʁaw'n]

kraai (de)	krage (f)	['kʁɑ:wə]
kauw (de)	kaie (f)	['kɑjə]
roek (de)	råge (f)	['ʁɔ:wə]

eend (de)	and (f)	['anʔ]
gans (de)	gås (f)	['gɔʔs]
fazant (de)	fasan (f)	[fa'sæʔn]

arend (de)	ørn (f)	['œʁʔn]
havik (de)	høg (f)	['høʔj]
valk (de)	falk (f)	['falʔk]
gier (de)	grib (f)	['gʁi:b]
condor (de)	kondor (f)	[kʌn'doʔʁ]

zwaan (de)	svane (f)	['svæ:nə]
kraanvogel (de)	trane (f)	['tʁɑ:nə]
ooievaar (de)	stork (f)	['stɔ:k]

papegaai (de)	papegøje (f)	[pɑpə'gʌjə]
kolibrie (de)	kolibri (f)	[koli'bʁiʔ]
pauw (de)	påfugl (f)	['pʌˌfuʔl]

struisvogel (de)	struds (f)	['stʁus]
reiger (de)	hejre (f)	['hɑjʁʌ]
flamingo (de)	flamingo (f)	[fla'meŋgo]
pelikaan (de)	pelikan (f)	[peli'kæʔn]

| nachtegaal (de) | nattergal (f) | ['natʌˌgæʔl] |
| zwaluw (de) | svale (f) | ['svæ:lə] |

lijster (de)	drossel, sjagger (f)	['dʁʌsəl], ['ɕagʌ]
zanglijster (de)	sangdrossel (f)	['saŋˌdʁʌsəl]
merel (de)	solsort (f)	['so:lˌsoʁt]

gierzwaluw (de)	mursejler (f)	['muʁˌsɑjlʌ]
leeuwerik (de)	lærke (f)	['læʁkə]
kwartel (de)	vagtel (f)	['vɑgtəl]

specht (de)	spætte (f)	['spɛtə]
koekoek (de)	gøg (f)	['gøʔj]
uil (de)	ugle (f)	['u:lə]
oehoe (de)	hornugle (f)	['hoʁnˌu:lə]
auerhoen (het)	tjur (f)	['tjuʁʔ]
korhoen (het)	urfugl (f)	['uʁˌfuʔl]
patrijs (de)	agerhøne (f)	['æʔjʌˌhœ:nə]

spreeuw (de)	stær (f)	['stɛʔʁ]
kanarie (de)	kanariefugl (f)	[ka'nɑʔjəˌfuʔl]
hazelhoen (het)	hjerpe, jærpe (f)	['jæʁpə]

| vink (de) | bogfinke (f) | ['bɔwˌfeŋkə] |
| goudvink (de) | dompap (f) | ['dɔmˌpɑp] |

meeuw (de)	måge (f)	['mɔ:wə]
albatros (de)	albatros (f)	['albaˌtʁʌs]
pinguïn (de)	pingvin (f)	[peŋ'viʔn]

91. Vis. Zeedieren

brasem (de)	brasen (f)	['bʁɑʾsən]
karper (de)	karpe (f)	['kɑːpə]
baars (de)	aborre (f)	['aˌbɒːɒ]
meerval (de)	malle (f)	['malə]
snoek (de)	gedde (f)	['geðə]
zalm (de)	laks (f)	['lɑks]
steur (de)	stør (f)	['støʾɐ̯]
haring (de)	sild (f)	['silʾ]
atlantische zalm (de)	atlantisk laks (f)	[atˈlanʾtisk 'lɑks]
makreel (de)	makrel (f)	[maˈkʁalʾ]
platvis (de)	rødspætte (f)	['ʁœðˌspɛtə]
snoekbaars (de)	sandart (f)	['sanˌɑʾt]
kabeljauw (de)	torsk (f)	['tɒːsk]
tonijn (de)	tunfisk (f)	['tuːnˌfesk]
forel (de)	ørred (f)	['œɐ̯ʌð]
paling (de)	ål (f)	['ɔʾl]
sidderrog (de)	elektrisk rokke (f)	[eˈlɛktʁisk 'ʁʌkə]
murene (de)	muræne (f)	[muˈʁɛːnə]
piranha (de)	piraya (f)	[piˈʁaja]
haai (de)	haj (f)	['hajʾ]
dolfijn (de)	delfin (f)	[dɛlˈfiʾn]
walvis (de)	hval (f)	['væʾl]
krab (de)	krabbe (f)	['kʁabə]
kwal (de)	gople, meduse (f)	['gʌplə], [meˈduːsə]
octopus (de)	blæksprutte (f)	['blɛkˌspʁutə]
zeester (de)	søstjerne (f)	['søˌstjæɐ̯nə]
zee-egel (de)	søpindsvin (i)	['sø 'penˌsviʾn]
zeepaardje (het)	søhest (f)	['søˌhɛst]
oester (de)	østers (f)	['østʌs]
garnaal (de)	reje (f)	['ʁajə]
kreeft (de)	hummer (f)	['hɔmʾʌ]
langoest (de)	languster (f)	[laŋˈgustʌ]

92. Amfibieën. Reptielen

slang (de)	slange (f)	['slaŋə]
giftig (slang)	giftig	['gifti]
adder (de)	hugorm (f)	['hɔgˌɒɐ̯ʾm]
cobra (de)	kobra (f)	['koˌbʁa]
python (de)	pyton (f)	['pytʌn]
boa (de)	boa (f)	['boːa]
ringslang (de)	snog (f)	['snoʾ]

| ratelslang (de) | klapperslange (f) | [ˈklɑpʌˌslɑŋə] |
| anaconda (de) | anakonda (f) | [anaˈkʌnda] |

hagedis (de)	firben (i)	[ˈfiɐ̯ˈbeˀn]
leguaan (de)	leguan (f)	[leguˈæˀn]
varaan (de)	varan (f)	[vɑˈʁɑˀn]
salamander (de)	salamander (f)	[salaˈmanˀdʌ]
kameleon (de)	kamæleon (f)	[kaməleˈoˀn]
schorpioen (de)	skorpion (f)	[skɒpiˈoˀn]

schildpad (de)	skildpadde (f)	[ˈskelˌpaðə]
kikker (de)	frø (f)	[ˈfʁœˀ]
pad (de)	tudse (f)	[ˈtusə]
krokodil (de)	krokodille (f)	[kʁokəˈdilə]

93. Insecten

insect (het)	insekt (i)	[enˈsɛkt]
vlinder (de)	sommerfugl (f)	[ˈsʌmʌˌfuˀl]
mier (de)	myre (f)	[ˈmyːʌ]
vlieg (de)	flue (f)	[ˈfluːə]
mug (de)	stikmyg (f)	[ˈstekˌmyg]
kever (de)	bille (f)	[ˈbilə]

wesp (de)	hveps (f)	[ˈvɛps]
bij (de)	bi (f)	[ˈbiˀ]
hommel (de)	humlebi (f)	[ˈhɔmləˌbiˀ]
horzel (de)	bremse (f)	[ˈbʁamsə]

| spin (de) | edderkop (f) | [ˈɛðˀʌˌkʌp] |
| spinnenweb (het) | edderkoppespind (i) | [ˈɛðˀʌkʌpəˌsbenˀ] |

libel (de)	guldsmed (f)	[ˈgulˌsmeð]
sprinkhaan (de)	græshoppe (f)	[ˈgʁasˌhʌpə]
nachtvlinder (de)	natsværmer (f)	[ˈnatˌsvæɐ̯ˀmʌ]

kakkerlak (de)	kakerlak (f)	[kakʌˈlak]
mijt (de)	flåt, mide (f)	[ˈflɔˀt], [ˈmiːðə]
vlo (de)	loppe (f)	[ˈlʌpə]
kriebelmug (de)	kvægmyg (f)	[ˈkvɛjˌmyg]

treksprinkhaan (de)	vandregræshoppe (f)	[ˈvandʁʌ ˈgʁasˌhʌpə]
slak (de)	snegl (f)	[ˈsnɑjˀl]
krekel (de)	fårekylling (f)	[ˈfɒːɒˌkyleŋ]
glimworm (de)	ildflue (f)	[ˈilfluːə]
lieveheersbeestje (het)	mariehøne (f)	[mɑˈʁiˀəˌhœːnə]
meikever (de)	oldenborre (f)	[ˈʌlənˌbɒːɒ]

bloedzuiger (de)	igle (f)	[ˈiːlə]
rups (de)	sommerfuglelarve (f)	[ˈsʌmʌˌfuːlə ˈlɑːvə]
aardworm (de)	regnorm (f)	[ˈʁɑjnˌɒɐ̯ˀm]
larve (de)	larve (f)	[ˈlɑːvə]

FLORA

94. Bomen

boom (de)	**træ** (i)	['tʁɛˀ]
loof- (abn)	**løv-**	['løw-]
dennen- (abn)	**nåle-**	['nɔlə-]
groenblijvend (bn)	**stedsegrønt, eviggrønt**	['stɛðsə,gʁœnˀt], ['e:vi,gʁœnˀt]
appelboom (de)	**æbletræ** (i)	['ɛˀblə,tʁɛˀ]
perenboom (de)	**pæretræ** (i)	['pɛʌ,tʁɛˀ]
zoete kers (de)	**moreltræ** (i)	[mo'ʁal,tʁɛˀ]
zure kers (de)	**kirsebærtræ** (i)	['kiɐ̯səbæɐ̯,tʁɛˀ]
pruimelaar (de)	**blommetræ** (i)	['blʌmə,tʁɛˀ]
berk (de)	**birk** (f)	['biɐ̯k]
eik (de)	**eg** (f)	['eˀj]
linde (de)	**lind** (f)	['lenˀ]
esp (de)	**asp** (f)	['asp]
esdoorn (de)	**løn** (f), **ahorn** (f)	['lœnˀ], ['a,hoɐ̯'n]
spar (de)	**gran** (f)	['gʁan]
den (de)	**fyr** (f)	['fyɐ̯ˀ]
lariks (de)	**lærk** (f)	['læɐ̯k]
zilverspar (de)	**ædelgran** (f)	['ɛˀðəl,gʁan]
ceder (de)	**ceder** (f)	['se:ðʌ]
populier (de)	**poppel** (f)	['pʌpəl]
lijsterbes (de)	**røn** (f)	['ʁœnˀ]
wilg (de)	**pil** (f)	['piˀl]
els (de)	**el** (f)	['ɛl]
beuk (de)	**bøg** (f)	['bøˀj]
iep (de)	**elm** (f)	['ɛlˀm]
es (de)	**ask** (f)	['ask]
kastanje (de)	**kastanie** (i)	[ka'stanjə]
magnolia (de)	**magnolie** (f)	[maw'noˀljə]
palm (de)	**palme** (f)	['palmə]
cipres (de)	**cypres** (f)	[sy'pʁas]
mangrove (de)	**mangrove** (f)	[maŋ'gʁo:və]
baobab (apenbroodboom)	**baobabtræ** (i)	[bao'bab,tʁɛˀ]
eucalyptus (de)	**eukalyptus** (f)	[œwka'lyptus]
mammoetboom (de)	**sequoia** (f), **rødtræ** (i)	[sek'wojə], ['ʁœð,tʁɛˀ]

95. Heesters

struik (de)	**busk** (f)	['busk]
heester (de)	**buskads** (i)	[bu'skæˀs]

wijnstok (de)	vinranke (f)	['viːnˌʁɑŋkə]
wijngaard (de)	vingård (f)	['viːnˌgɒˀ]
frambozenstruik (de)	hindbærbusk (f)	['henbæɐ̯ˌbusk]
zwarte bes (de)	solbærbusk (f)	['soːlbæɐ̯ˌbusk]
rode bessenstruik (de)	ribsbusk (f)	['ʁɛbsˌbusk]
kruisbessenstruik (de)	stikkelsbær (i)	['stekəlsˌbæɐ̯]
acacia (de)	akacie (f)	[a'kæˀɕə]
zuurbes (de)	berberis (f)	['bæɐ̯ˀbʌʁis]
jasmijn (de)	jasmin (f)	[ɕas'miˀn]
jeneverbes (de)	ene (f)	['eːnə]
rozenstruik (de)	rosenbusk (f)	['ʁoːsənˌbusk]
hondsroos (de)	Hunde-Rose (f)	['hunə-'ʁoːsə]

96. Vruchten. Bessen

vrucht (de)	frugt (f)	['fʁɔgt]
vruchten (mv.)	frugter (f pl)	['fʁɔgtʌ]
appel (de)	æble (n)	['ɛˀblə]
peer (de)	pære (f)	['pɛˀʌ]
pruim (de)	blomme (f)	['blʌmə]
aardbei (de)	jordbær (i)	['joɐ̯ˌbæɐ̯]
zure kers (de)	kirsebær (i)	['kiɐ̯səˌbæɐ̯]
zoete kers (de)	morel (f)	[mo'ʁalˀ]
druif (de)	drue (f)	['dʁuːə]
framboos (de)	hindbær (i)	['henˌbæɐ̯]
zwarte bes (de)	solbær (i)	['soːlˌbæɐ̯]
rode bes (de)	ribs (i, f)	['ʁɛbs]
kruisbes (de)	stikkelsbær (i)	['stekəlsˌbæɐ̯]
veenbes (de)	tranebær (i)	['tʁɑːnəˌbæɐ̯]
sinaasappel (de)	appelsin (f)	[ɑpəl'siˀn]
mandarijn (de)	mandarin (f)	[mandɑ'ʁiˀn]
ananas (de)	ananas (f)	['ananas]
banaan (de)	banan (f)	[ba'næˀn]
dadel (de)	daddel (f)	['daðˀəl]
citroen (de)	citron (f)	[si'tʁoˀn]
abrikoos (de)	abrikos (f)	[abʁi'koˀs]
perzik (de)	fersken (f)	['fæɐ̯skən]
kiwi (de)	kiwi (f)	['kiːvi]
grapefruit (de)	grapefrugt (f)	['gʁɛjpˌfʁɔgt]
bes (de)	bær (i)	['bæɐ̯]
bessen (mv.)	bær (i pl)	['bæɐ̯]
vossenbes (de)	tyttebær (i)	['tytəˌbæɐ̯]
bosaardbei (de)	skovjordbær (i)	['skɒw 'joɐ̯ˌbæɐ̯]
bosbes (de)	blåbær (i)	['blɔˀˌbæɐ̯]

97. Bloemen. Planten

bloem (de)	blomst (f)	['blʌm'st]
boeket (het)	buket (f)	[bu'kɛt]
roos (de)	rose (f)	['ʁo:sə]
tulp (de)	tulipan (f)	[tuli'pæ'n]
anjer (de)	nellike (f)	['nel'ekə]
gladiool (de)	gladiolus (f)	[gladi'o:lus]
korenbloem (de)	kornblomst (f)	['koʁn͜blʌm'st]
klokje (het)	blåklokke (f)	['blʌ͜klʌkə]
paardenbloem (de)	mælkebøtte, løvetand (f)	['mɛlkə͜bøtə], ['lø:və͜tan']
kamille (de)	kamille (f)	[ka'milə]
aloë (de)	aloe (f)	['æ'lo͜e']
cactus (de)	kaktus (f)	['kaktus]
ficus (de)	ficus, stuebirk (f)	['fikus], ['stu:ə͜biek]
lelie (de)	lilje (f)	['liljə]
geranium (de)	geranie (f)	[ge'ʁɑ'njə]
hyacint (de)	hyacint (f)	[hya'sen't]
mimosa (de)	mimose (f)	[mi'mo:sə]
narcis (de)	narcis (f)	[nɑ'si:s]
Oostindische kers (de)	blomsterkarse (f)	['blʌm'stʌ͜ka:sə]
orchidee (de)	orkide, orkidé (f)	[ɒki'de']
pioenroos (de)	pæon (f)	[pɛ'o'n]
viooltje (het)	viol (f)	[vi'o'l]
driekleurig viooltje (het)	stedmoderblomst (f)	['stɛmoʁ ͜blʌm'st]
vergeet-mij-nietje (het)	forglemmigej (f)	[fʌ'glɛm'mɑ͜ɑj']
madeliefje (het)	tusindfryd (f)	['tusən͜fʁyð']
papaver (de)	valmue (f)	['val͜mu:ə]
hennep (de)	hamp (f)	['hɑm'p]
munt (de)	mynte (f)	['møntə]
lelietje-van-dalen (het)	liljekonval (f)	['liljə kɔn'val']
sneeuwklokje (het)	vintergæk (f)	['ventʌ͜gɛk]
brandnetel (de)	nælde (f)	['nɛlə]
veldzuring (de)	syre (f)	['sy:ʌ]
waterlelie (de)	åkande, nøkkerose (f)	['ɔ'kanə], ['nøkə͜ʁo:sə]
varen (de)	bregne (f)	['bʁɑjnə]
korstmos (het)	lav (f)	['law]
oranjerie (de)	drivhus (i)	['dʁiw͜hu's]
gazon (het)	græsplæne (f)	['gʁas͜plɛ:nə]
bloemperk (het)	blomsterbed (i)	['blʌm'stʌ͜beð]
plant (de)	plante (f)	['plantə]
gras (het)	græs (i)	['gʁas]
grasspriet (de)	græsstrå (i)	['gʁas͜stʁɔ']

blad (het)	**blad** (i)	['blað]
bloemblad (het)	**kronblad** (i)	['krɔn‚blað]
stengel (de)	**stilk** (f)	['stel'k]
knol (de)	**rodknold** (f)	['ʁoð‚knʌl']
scheut (de)	**spire** (f)	['spi:ʌ]
doorn (de)	**torn** (f)	['toɐ̯'n]
bloeien (ww)	**at blomstre**	[ʌ 'blʌmstʁʌ]
verwelken (ww)	**at visne**	[ʌ 'vesnə]
geur (de)	**lugt** (f)	['lɔgt]
snijden (bijv. bloemen ~)	**at skære af**	[ʌ 'skɛ:ʌ 'æ']
plukken (bloemen ~)	**at plukke**	[ʌ 'plɔkə]

98. Granen, graankorrels

graan (het)	**korn** (i)	['koɐ̯'n]
graangewassen (mv.)	**kornsorter** (f pl)	['koɐ̯n‚sɒ:tʌ]
aar (de)	**aks** (i)	['ɑks]
tarwe (de)	**hvede** (f)	['ve:ðə]
rogge (de)	**rug** (f)	['ʁu']
haver (de)	**havre** (f)	['hɑwʁʌ]
gierst (de)	**hirse** (f)	['hiɐ̯sə]
gerst (de)	**byg** (f)	['byg]
maïs (de)	**majs** (f)	['mɑj's]
rijst (de)	**ris** (f)	['ʁi's]
boekweit (de)	**boghvede** (f)	['bɔw‚ve:ðə]
erwt (de)	**ært** (f)	['æɐ̯'t]
boon (de)	**bønne** (f)	['bœnə]
soja (de)	**soja** (f)	['sʌja]
linze (de)	**linse** (f)	['lensə]
bonen (mv.)	**bønner** (f pl)	['bœnʌ]

LANDEN VAN DE WERELD

99. Landen. Deel 1

Afghanistan (het)	**Afghanistan**	[ɑw'gæ²ni‚stan]
Albanië (het)	**Albanien**	[al'bæ²njən]
Argentinië (het)	**Argentina**	[ɑgɛn'ti²na]
Armenië (het)	**Armenien**	[ɑ'me²njən]
Australië (het)	**Australien**	[ɑw'stʁɑ²ljən]
Azerbeidzjan (het)	**Aserbajdsjan**	[asæɐ̯bɑj'djæ²n]
Bahama's (mv.)	**Bahamas**	[ba'ha²mas]
Bangladesh (het)	**Bangladesh**	[bɑngla'dɛɕ]
België (het)	**Belgien**	['bɛl²gjən]
Bolivia (het)	**Bolivia**	[bo'livia]
Bosnië en Herzegovina (het)	**Bosnien-Herzegovina**	['bosniən hæɐ̯səgo²vi:na]
Brazilië (het)	**Brasilien**	[bʁɑ'siljən]
Bulgarije (het)	**Bulgarien**	[bul'gɑ:iən]
Cambodja (het)	**Cambodja**	[kæ:m'boða]
Canada (het)	**Canada**	['kanæ²da]
Chili (het)	**Chile** (i)	['tji:lə]
China (het)	**Kina**	['ki:na]
Colombia (het)	**Colombia**	[ko'lombja]
Cuba (het)	**Cuba**	['ku:ba]
Cyprus (het)	**Cypern**	['kypɒn]
Denemarken (het)	**Danmark**	['dænmɑk]
Dominicaanse Republiek (de)	**Dominikanske Republik**	[domini'kæ:nskə ʁɛpu'blik]
Duitsland (het)	**Tyskland**	['tysklan²]
Ecuador (het)	**Ecuador**	[ekwa'do²ɐ̯]
Egypte (het)	**Egypten**	[ɛ'gyptən]
Engeland (het)	**England**	['ɛŋ²lan]
Estland (het)	**Estland**	['ɛstlan]
Finland (het)	**Finland**	['fenlan]
Frankrijk (het)	**Frankrig**	['fʁɑŋkʁi]
Frans-Polynesië	**Fransk Polynesien**	['fʁɑn²sk poly'ne²ɕən]
Georgië (het)	**Georgien**	[ge'ɒ²gjən]
Ghana (het)	**Ghana**	['ganə]
Griekenland (het)	**Grækenland**	['gʁɛ:kənlan²]
Groot-Brittannië (het)	**Storbritannien**	['stoɐ̯ bʁi‚taniən]
Haïti (het)	**Haiti**	[hɑiti:]
Hongarije (het)	**Ungarn**	['ɔŋgɑ²n]
Ierland (het)	**Irland**	['iɐ̯lan²]
IJsland (het)	**Island**	['islan²]
India (het)	**Indien**	['endjən]
Indonesië (het)	**Indonesien**	[endo'ne:ɕən]

Irak (het)	**Irak**	['iʁɑk]
Iran (het)	**Iran**	['iʁɑn]
Israël (het)	**Israel**	[isʁɑ:əl]
Italië (het)	**Italien**	[i'tæljən]

100. Landen. Deel 2

Jamaica (het)	**Jamaica**	[ɕa'mɑjka]
Japan (het)	**Japan**	['ja:pæn]
Jordanië (het)	**Jordan**	['joɡdan]
Kazakstan (het)	**Kasakhstan**	[ka'sɑk,stan]
Kenia (het)	**Kenya**	['kɛnja]
Kirgizië (het)	**Kirgisistan**	[kiɡ'gisi,stan]
Koeweit (het)	**Kuwait**	[ku'vɑjt]
Kroatië (het)	**Kroatien**	[kʁo'æ'tiən]
Laos (het)	**Laos**	['læ:ɒs]
Letland (het)	**Letland**	['lɛtlanˀ]
Libanon (het)	**Libanon**	['li:banɒn]
Libië (het)	**Libyen**	['li:bjən]
Liechtenstein (het)	**Liechtenstein**	['li:ktənʃtɑjn]
Litouwen (het)	**Litauen**	['li,tɑw'ən]
Luxemburg (het)	**Luxembourg**	['lygsəm,bɒ:]
Macedonië (het)	**Makedonien**	[mɑkə'do:njən]
Madagaskar (het)	**Madagaskar**	[mada'gæskɑ]
Maleisië (het)	**Malaysia**	[ma'lɑjɕiʌ]
Malta (het)	**Malta**	['malta]
Marokko (het)	**Marokko**	[mɑ'roko]
Mexico (het)	**Mexiko**	['mɛksiko]
Moldavië (het)	**Moldova**	[mʌl'doˀva]
Monaco (het)	**Monaco**	[mo'nɑko]
Mongolië (het)	**Mongoliet**	[mʌngo'lieð]
Montenegro (het)	**Montenegro**	['mɒntə,nɛgʁə]
Myanmar (het)	**Myanmar**	[mjanmɐ]
Namibië (het)	**Namibia**	[na'mibia]
Nederland (het)	**Nederlandene**	['ne:ðʌ,lɛnnə]
Nepal (het)	**Nepal**	['nepalˀ]
Nieuw-Zeeland (het)	**New Zealand**	[nju:'si:lanˀ]
Noord-Korea (het)	**Nordkorea**	['noɡ ko'ʁɛ:a]
Noorwegen (het)	**Norge**	['nɒ:w]
Oekraïne (het)	**Ukraine**	[ukʁɑ'iˀnə]
Oezbekistan (het)	**Usbekistan**	[us'beki,stan]
Oostenrijk (het)	**Østrig**	['østʁi]

101. Landen. Deel 3

Pakistan (het)	**Pakistan**	['pɑki,stan]
Palestijnse autonomie (de)	**Palæstina**	[pale'stinɛnə]
Panama (het)	**Panama**	['panamə]

Paraguay (het)	**Paraguay**	[pɑ:ɑg'wʌj]
Peru (het)	**Peru**	[pe'ʁu:]
Polen (het)	**Polen**	['po:læn]
Portugal (het)	**Portugal**	['pɒ:tugəl]
Roemenië (het)	**Rumænien**	[ʁu'mɛʔnjən]
Rusland (het)	**Rusland**	['ʁuslanʔ]
Saoedi-Arabië (het)	**Saudi-Arabien**	['sawdi ɑ'ʁɑ:bjən]
Schotland (het)	**Skotland**	['skɒtlanʔ]
Senegal (het)	**Senegal**	[se:nəgæ:l]
Servië (het)	**Serbien**	['sæɡʔbiən]
Slovenië (het)	**Slovenien**	[slo've:njən]
Slowakije (het)	**Slovakiet**	[slova'ki:əð]
Spanje (het)	**Spanien**	['spæʔnjən]
Suriname (het)	**Surinam**	['suʁi,nɑm]
Syrië (het)	**Syrien**	['syʁiən]
Tadzjikistan (het)	**Tadsjikistan**	[ta'dɕiki,stan]
Taiwan (het)	**Taiwan**	['tɑj,væ:n]
Tanzania (het)	**Tanzania**	['tansa,niæ]
Tasmanië (het)	**Tasmanien**	[tas'mani:ən]
Thailand (het)	**Thailand**	['tɑjlɛnʔ]
Tsjechië (het)	**Tjekkiet**	['tjɛ,kiəð]
Tunesië (het)	**Tunis**	['tu:nis]
Turkije (het)	**Tyrkiet**	[tyɡ̊ki:əð]
Turkmenistan (het)	**Turkmenistan**	[tuɡ̊k'meʔni,stan]
Uruguay (het)	**Uruguay**	[uʁug'wɑj]
Vaticaanstad (de)	**Vatikanstaten**	['vate,kæ:n 'stæʔtən]
Venezuela (het)	**Venezuela**	[venəsu'e:la]
Verenigde Arabische Emiraten	**Forenede Arabiske Emirater**	[fʌ'enəðə ɑ'ʁɑʔbiskə emi'ʁɑʔtʌ]
Verenigde Staten van Amerika	**De Forenede Stater**	[di fʌ'enəðə 'stæʔtʌ]
Vietnam (het)	**Vietnam**	['vjɛtnɑm]
Wit-Rusland (het)	**Hviderusland**	['vi:ðə,ʁuslanʔ]
Zanzibar (het)	**Zanzibar**	['sa:nsibɑ:]
Zuid-Afrika (het)	**Sydafrika**	['syð ,afʁika]
Zuid-Korea (het)	**Sydkorea**	['syð ko'ʁɛ:a]
Zweden (het)	**Sverige**	['svɛʁiʔ]
Zwitserland (het)	**Schweiz**	['svɑjts]

www.ingramcontent.com/pod-product-compliance
Lightning Source LLC
Chambersburg PA
CBHW071501070426
42452CB00041B/2086

* 9 7 8 1 7 8 4 9 2 3 7 7 8 *